괜찮아, 잘될 거야! 쉬운 영어, 장DAY 영어

독해 > 해석 > 문장구조 > IMAGE

문법이 아닌 IMAGE로 해석하는 Graphic 구문!

장대영 편저

장대영 영어
Graphic 구문

이 책의 머리말

이 책을 내면서

공무원 영어를 가르치게 되면서, 수험생들이 문법 공부에 매몰되는 현상을 자주 보게 됩니다.

물론, 우리 시험에서 평균 3문제 출제되고 있는 문법은 중요합니다.

다만, '공무원 영어 = 문법'이라는 생각은 잘못된 것입니다.

우리 시험에 출제되는 파트별 평균 비중을 살펴봅시다.

어휘 3문제 / 생활영어 2문제 / 문법 3문제 / 독해 12문제

독해 문제가 12문제입니다.

단언컨대, 독해에서는 문제를 풀 때도, 분석을 할 때도, 문법을 적용하면 안 됩니다.

독해 문제 해결에는 문법 개념이 거의 사용되지 않습니다.

예를 들어, 여러분이 독해 순서 배열 문제, 문장 삽입 문제, 문장 제거 문제, 빈칸 추론 문제,

대의 파악 문제 등을 해결하는 데 '주격 관계대명사절', '미래완료시제' 등의 문법 내용이 필요할까요?

자, 우리는 12문제의 독해 문제를 해결해야 합니다.

- **독해의 BASE는 '해석'입니다.**
- **해석의 BASE는 '문장구조' 파악입니다.**
- **문장구조의 BASE는 'IMAGE'입니다.**

따라서, 문장구조의 BASE는 문법이 아닙니다.

이 구문 교재와 이 교재로 진행되는 수업은 문장구조 파악에 필요한 IMAGE에 초점을 맞추어 진행합니다.

즉, 문법을 최소화하고 문장을 IMAGE로 빠르게 파악하여 해석을 할 수 있게 만드는 교재와 수업입니다.

책의 구성은

1. 문장구조 IMAGE 설명

2. 예문으로 적용연습

3. Review 끊어 읽기

이렇게 3단계로 진행됩니다.

아무쪼록, 이 교재와 수업이 여러분의 합격이라는 목표에 조금이라도 도움이 되었으면 하는 간절함을 담아 짧은 글을 마무리하겠습니다.

'괜찮아 잘 될거야, 장DAY영어가 있잖아'

– 박문각 공무원 영어 장대영

이 책의 **구성과 특징**

1 문장구조 IMAGE

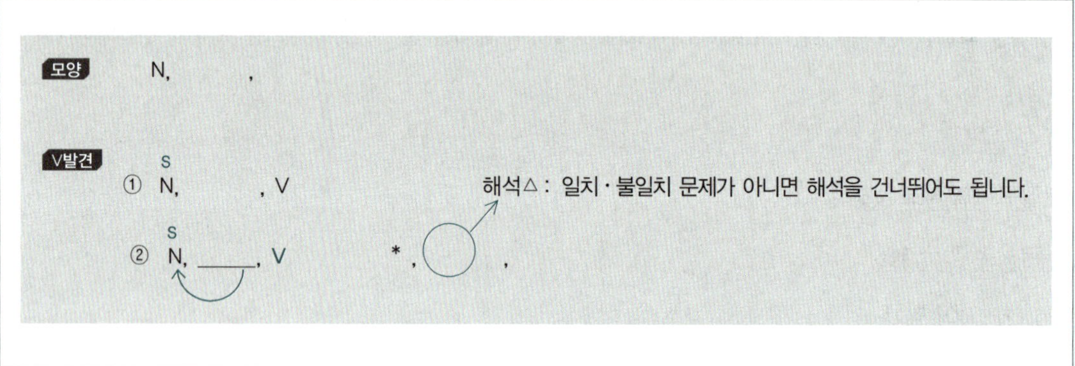

문장구조를 IMAGE로 설명하여 이론을 빠르게 파악하여 해석할 수 있도록 하였다.

2 예문 적용 연습

01 Many animals, including warm-blooded mammals, change body posture to regulate internal temperature.
온혈 포유류를 포함한 많은 동물들은 체온을 조절하기 위해 몸의 자세를 바꾼다.

02 Warren Bennis, who teaches and runs a center that studies leadership at the University of Southern California, has written about leadership for decades.
남부 캘리포니아의 University of Southern California의 리더십을 연구하는 센터에서 가르치고 (센터를) 운영하는 Warren Bennis 는 수십 년 동안 리더십에 대해 글을 써왔다.

IMAGE로 학습한 내용을 예문에 적용하는 연습을 함으로써 문장구조를 확실하게 이해할 수 있도록 하였다.

3 Review

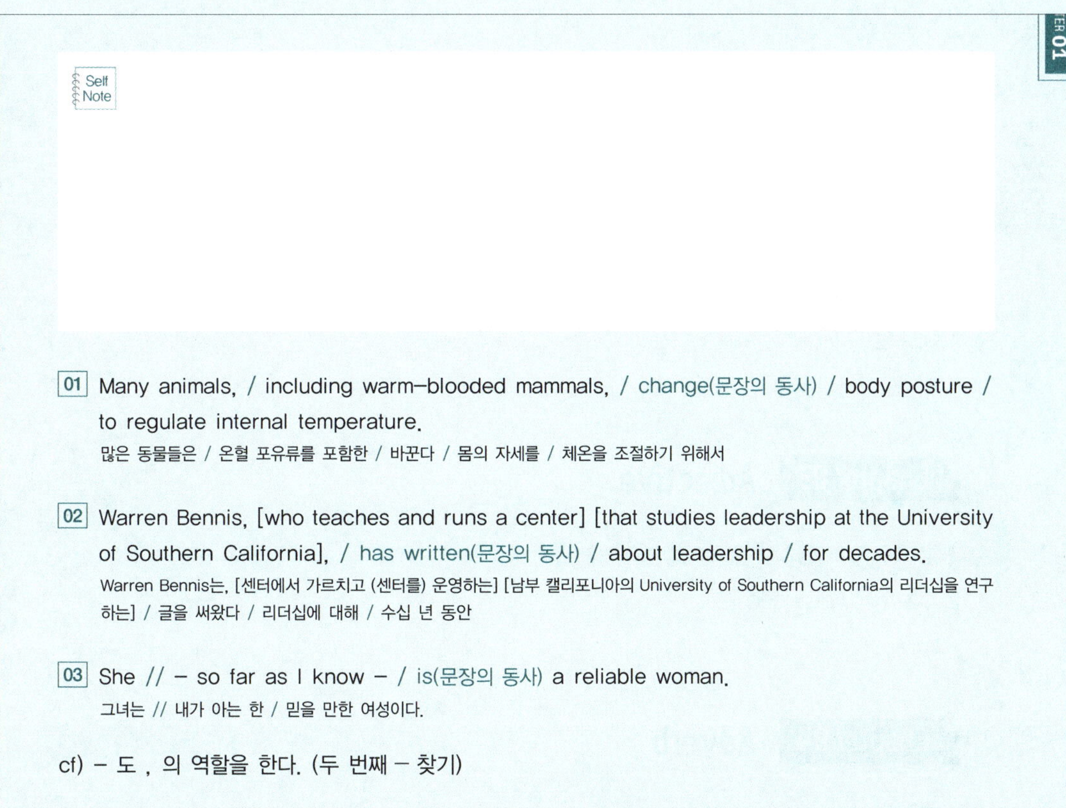

01 Many animals, / including warm—blooded mammals, / change(문장의 동사) / body posture / to regulate internal temperature.
많은 동물들은 / 온혈 포유류를 포함한 / 바꾼다 / 몸의 자세를 / 체온을 조절하기 위해서

02 Warren Bennis, [who teaches and runs a center] [that studies leadership at the University of Southern California], / has written(문장의 동사) / about leadership / for decades.
Warren Bennis는, [센터에서 가르치고 (센터를) 운영하는] [남부 캘리포니아의 University of Southern California의 리더십을 연구하는] / 글을 써왔다 / 리더십에 대해 / 수십 년 동안

03 She // – so far as I know – / is(문장의 동사) a reliable woman.
그녀는 // 내가 아는 한 / 믿을 만한 여성이다.

cf) – 도 , 의 역할을 한다. (두 번째 – 찾기)

Review Note에 IMAGE를 스스로 채워 넣을 수 있고, 끊어 읽기를 통해 문장구조를 한 번 더 복습할 수 있도록 하였다.

이 책의 차례

장대영 영어
Graphic 구문

Verb

1 | S V A

1   A를 V하다 (O) – A: O (목적어)

➡ S(주어) V(동사) O(목적어)

01 When my computer stopped working, I took it to the computer store.
내 컴퓨터가 작동을 멈췄을 때, 나는 그것을 컴퓨터 가게에 가져갔다.

02 The majority of scientific studies showed the affirmative effect of caffeine on our health.
대다수의 과학 연구들이 카페인이 우리의 건강에 미치는 긍정적인 영향을 보여주었다.

2   A를 V하다 (X) – A: C (보어)

➡ S(주어) V(동사) C(보어)

01 The opposite of love is not hate. It is indifference. (Elle Wiesel)
사랑의 반대는 증오가 아니다. 그것은 무관심이다.

02 At first he seemed to be cold but he was a very warm person.
처음에 그는 차가운 사람처럼 보였지만 그는 매우 따뜻한 사람이었다.

1 ｜ S V A

1 ｜ A를 V하다 (O) – A: O (목적어)

01 When my computer(주어) / stopped(동사) / working(목적어), // I(주어) / took(동사) / it(목적어) / to the computer store.
내 컴퓨터가 / 멈췄다 / 작업을, // 나는 / 가져갔다 / 컴퓨터 가게에

02 The majority of scientific studies(주어) / showed(동사) / the affirmative effect(목적어) of caffeine / on our health.
대다수의 과학 연구들이 / 보여주었다 / 카페인의 긍정적인 효과를 / 우리의 건강에

2 ｜ A를 V하다 (X) – A: C (보어)

01 The opposite(주어) of love / is(동사) not hate(주격 보어). // It(주어) is(동사) / indifference(주격 보어). (Elle Wiesel)
사랑의 반대는 / 증오가 아니다. // 그것은 / 무관심이다

02 At first / he(주어) / seemed(동사) / to be cold(주격보어) // but he(주어) was(동사) / a very warm person(주격 보어).
처음에 / 그는 / 보였다 / 차가운 사람처럼 // 그러나 그는 / 매우 따뜻한 사람이었다.

2 S V A B

1 A ≒ B − A: O(목적어) / B: O.C(목적격 보어)

cf) A : 주어처럼 / B : 동사처럼

➡ S(주어) V(동사) O(목적어) O.C(목적격 보어)

01 I don't like <u>my coffee</u> <u>strong</u>.
나는 내 커피가 진한 것을 싫어한다.

02 A harsh and complex society makes <u>us</u> <u>feel</u> helpless and insecure.
거칠고 복잡한 사회는 우리가 무기력하고 불안전하다고 느끼게 만든다.

03 He heard <u>the men</u> <u>having</u> an argument in the next room.
그는 그 사람들이 옆방에서 논쟁을 벌이고 있는 것을 들었다.

2 A ≠ B − A: I.O(간접 목적어) / B: D.O(직접 목적어)

➡ S(주어) V(동사) I.O(간접 목적어) D.O(직접 목적어)

01 Don't ask any questions and give <u>me</u> <u>all the money</u>.
어떤 질문도 하지 말고 나에게 모든 돈을 내놔라.

02 He taught <u>us</u> <u>mathematics</u> at this school.
그는 이 학교에서 우리에게 수학을 가르쳤다.

CHAPTER **01**

2 S V A B

1 A ≒ B – A: O(목적어) / B: O.C(목적격 보어)

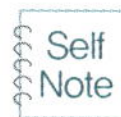

01 I(주어) / don't like(동사) / my coffee(목적어) / strong(목적격 보어).
나는 / 싫어한다 / 내 커피가 / 진한 것을

02 A harsh and complex society(주어) / makes(동사) / us(목적어) / feel(목적격 보어) / helpless and insecure.
거칠고 복잡한 사회는 / 만든다 / 우리가 / 느끼게 / 무기력하고 불안전하다고

03 He(주어) / heard(동사) / the men(목적어) / having an argument(목적격 보어) / in the next room.
그는 / 들었다 / 그 사람들이 / 논쟁을 벌이고 있는 것을 / 옆방에서

2 A ≠ B – A: I.O(간접 목적어) / B: D.O(직접 목적어)

01 Don't ask(동사) / any questions(목적어) // and give(동사) / me(간접 목적어) / all the money(직접 목적어).
하지 마라 / 어떤 질문도 // 그리고 내놔라 / 나에게 / 모든 돈을

02 He(주어) / taught(동사) / us(간접 목적어) / mathematics(목적격 보어) / at this school.
그는 / 가르쳤다 / 우리에게 / 수학을 / 이 학교에서

3 V의 끝부분

1 V모양이 길어질 때

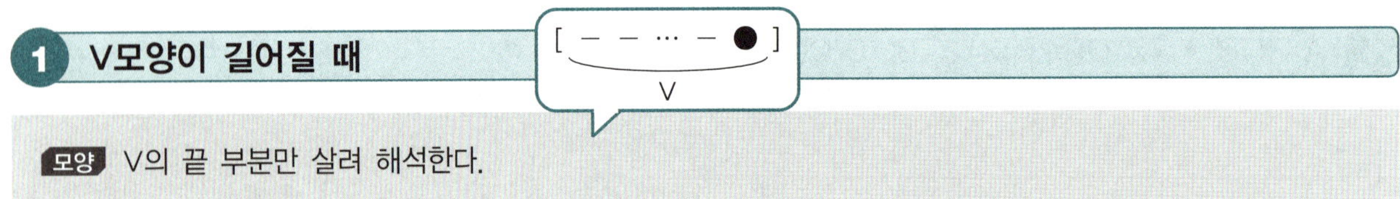

모양 V의 끝 부분만 살려 해석한다.

2 모양

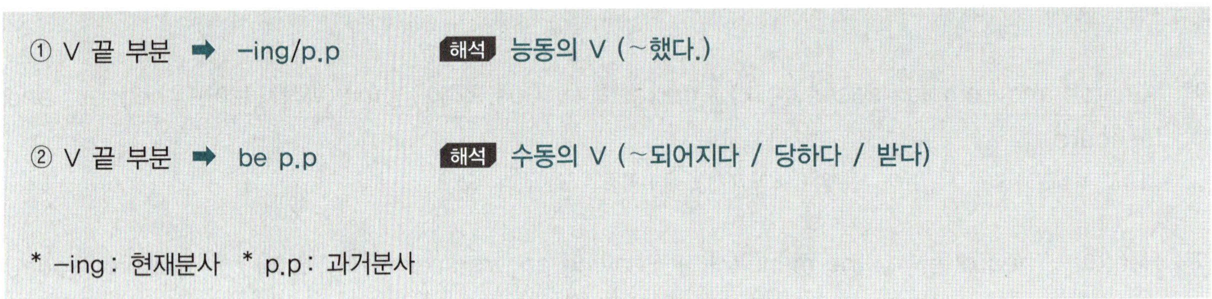

① V 끝 부분 ➡ –ing/p.p　　**해석** 능동의 V (~했다.)

② V 끝 부분 ➡ be p.p　　**해석** 수동의 V (~되어지다 / 당하다 / 받다)

* –ing : 현재분사　* p.p : 과거분사

---

01 The window was being opened by DY.
DY에 의해 창문이 열리고 있었다.

02 Only the dead have seen the end of war. [George Santayana]
오직 죽은 사람들만이 전쟁의 종말을 보았다.

03 He will have been in hospital for two weeks by next Sunday.
그는 다음주 일요일까지 2주 동안 병원에 입원해 있을 것이다.

04 I had been waiting for an hour when he returned.
그가 돌아왔을 때 나는 한 시간을 기다리고 있었다.

05 I didn't know that my boat was being sunk by the rock.
나는 내 보트가 그 암초에 의해서 가라 앉게 된 것을 모르고 있었다.

06 Many universities now offer Korean language programs in Korea and abroad, and many textbooks have been produced for learners of Korean.
이제는 많은 국내외의 대학들이 한국어 프로그램을 제공하고 한국어를 배우는 사람들을 위한 교과서가 많이 만들어졌다.

3 V의 끝부분

1 V모양이 길어질 때

Self
Note

2 모양

Self
Note

01 The window / <u>was being opened</u> / by DY. [동사가 be p.p로 끝남]
창문이 / 열리고 있었다 / DY에 의해

02 Only the dead / <u>have seen</u> / the end of war. [동사가 p.p로 끝남]
오직 죽은 사람들만이 / 보았다 / 전쟁의 종말을

03 He / <u>will have been</u> / in hospital / for two weeks / by next Sunday. [동사가 p.p로 끝남]
그는 / 입원해 있을 것이다 / 병원에 / 2주 동안 / 다음주 일요일까지

04 I / <u>had been waiting</u> / for an hour // when he returned. [동사가 ing로 끝남]
나는 / 기다리고 있었다 / 한 시간을 // 그가 돌아왔을 때

05 I / didn't know // that my boat / <u>was being sunk</u> / by the rock. [동사가 be p.p로 끝남]
나는 / 모르고 있었다 // 내 보트가 / 가라 앉게 된 것을 / 그 암초에 의해서

06 Many universities / now offer / Korean language programs / in Korea and abroad, // and
many textbooks / <u>have been produced</u> / for learners of Korean. [동사가 be p.p로 끝남]
많은 대학들이 / 이제 제공한다 / 한국어 프로그램을 / 국내외의(대학들에서) // 그리고 많은 교과서들이 / 만들어졌다 / 한국어를 배우는 사람들을 위해

4 문장의 중심 V 찾기

1 2번째 V 앞에서 끊기 ⇨ 2번째 V가 문장의 중심 동사

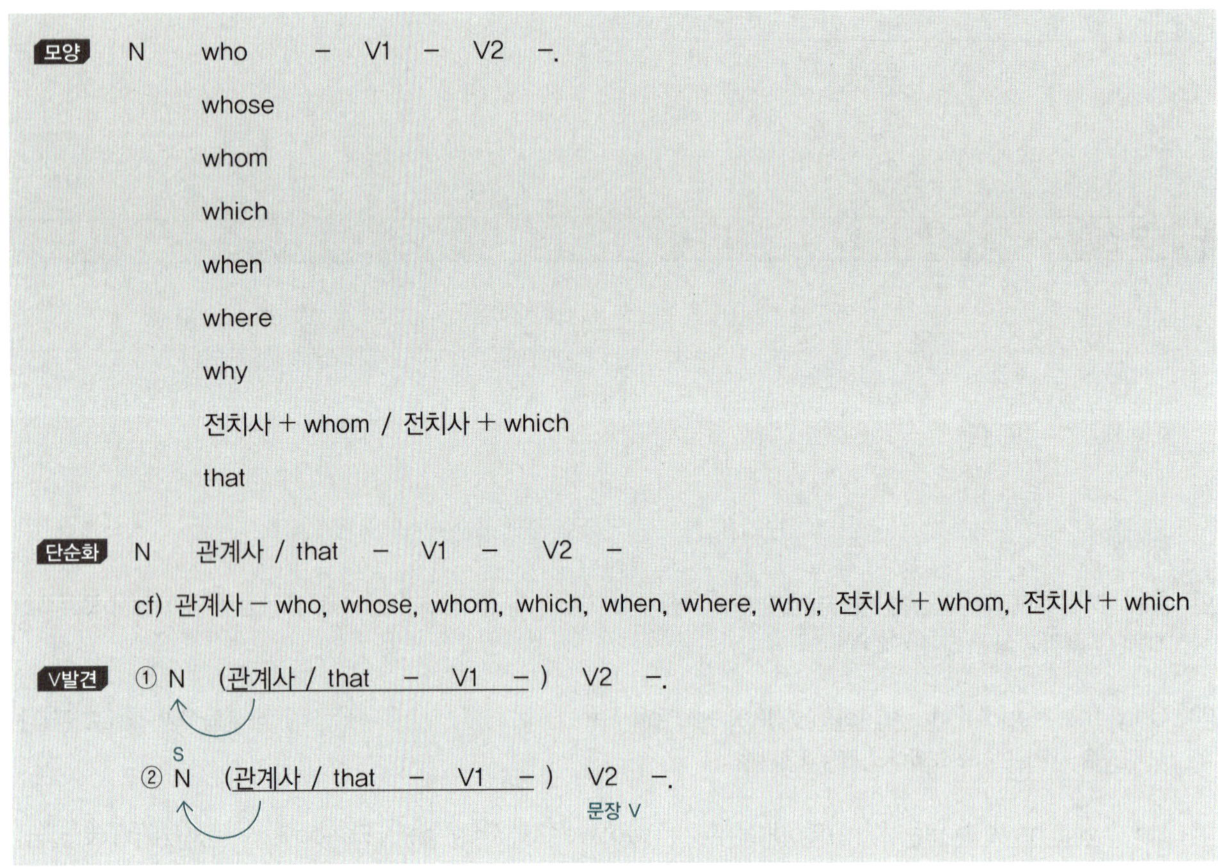

[모양] N who   — V1 — V2 —.

whose

whom

which

when

where

why

전치사 + whom / 전치사 + which

that

[단순화] N 관계사 / that — V1 — V2 —

cf) 관계사 — who, whose, whom, which, when, where, why, 전치사 + whom, 전치사 + which

[V발견] ① N (관계사 / that — V1 —) V2 —.

② N (관계사 / that — V1 —) V2 —.
　　　　　　　　　　　　　　　　　　　　문장 V

---

01 The house where the cute girl lived is now my house.
그 귀여운 소녀가 살았던 그 집은 지금 나의 집이다.

02 The reason why worry kills more people than work is that more people worry than work.[Robert Frost]
근심이 일보다 더 많은 사람을 죽이는 이유는 더 많은 사람들이 일하기보다 걱정하기 때문이다.

접속사 추가 (다음 번 동사 찾기)

The hybrid car that modern people usually refer to and past people couldn't use is the car that runs by gasoline as well as by electricity.
현대인들이 흔히 언급하고 과거 사람들은 사용할 수 없었던 하이브리드 차는 전기뿐만 아니라 휘발유로 달리는 차이다.

4 문장의 중심 V 찾기

1 2번째 V 앞에서 끊기

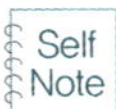

01 The house [where the cute girl lived] / is(문장의 동사) now my house.

그 집은 [그 귀여운 소녀가 살았던] / 지금 나의 집이다.

02 The reason [why worry kills more people than work] // is(문장의 동사) that more people worry than work.

이유는 [근심이 일보다 더 많은 사람을 죽이는] // 더 많은 사람들이 일하기보다 걱정하기 때문이다.

접속사 추가(다음 번 동사 찾기)

The hybrid can [that modern people usually and past people couldn't use] // is(문장의 동사) the car [that runs by gasoline as well as by electrictiy].

하이브리드 차는 [현대인들은 흔히 언급하고 과거 사람들은 사용할 수 없었던] // 차이다 [전기 뿐만 아니라 휘발유로 달리는]

2 2번째 , 찾기 ⇨ 2번째 , 뒤가 문장의 중심 동사

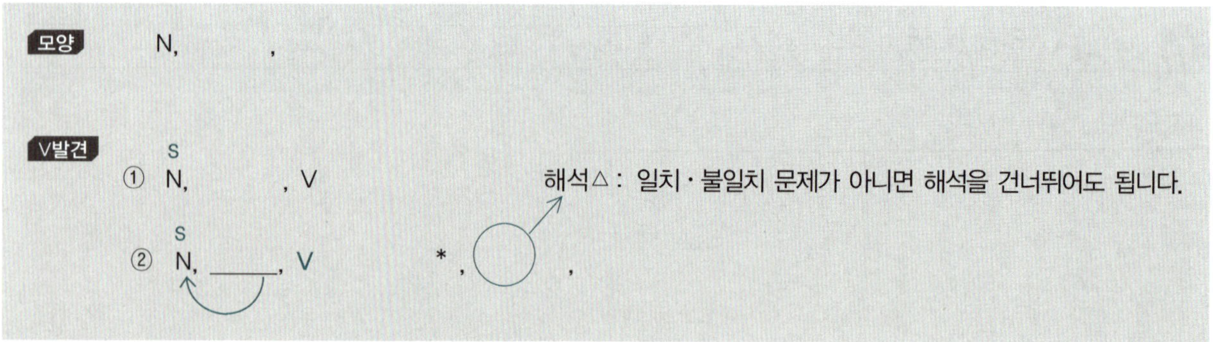

01 Many animals, including warm—blooded mammals, change body posture to regulate internal temperature.
온혈 포유류를 포함한 많은 동물들은 체온을 조절하기 위해 몸의 자세를 바꾼다.

02 Warren Bennis, who teaches and runs a center that studies leadership at the University of Southern California, has written about leadership for decades.
남부 캘리포니아의 University of Southern California의 리더십을 연구하는 센터에서 가르치고 (센터를) 운영하는 Warren Bennis 는 수십 년 동안 리더십에 대해 글을 써왔다.

03 She — so far as I know — is a reliable woman.
그녀는 내가 아는 한 믿을 만한 여성이다.
  * 2번째 — 찾기

2 **2번째 , 찾기**

Self Note

01 Many animals, / including warm—blooded mammals, / change(문장의 동사) / body posture / to regulate internal temperature.
많은 동물들은 / 온혈 포유류를 포함한 / 바꾼다 / 몸의 자세를 / 체온을 조절하기 위해서

02 Warren Bennis, [who teaches and runs a center] [that studies leadership at the University of Southern California], / has written(문장의 동사) / about leadership / for decades.
Warren Bennis는, [센터에서 가르치고 (센터를) 운영하는] [남부 캘리포니아의 University of Southern California의 리더십을 연구하는] / 글을 써왔다 / 리더십에 대해 / 수십 년 동안

03 She // — so far as I know — / is(문장의 동사) a reliable woman.
그녀는 // 내가 아는 한 / 믿을 만한 여성이다.

cf) - 도 , 의 역할을 한다. (두 번째 - 찾기)

③ V과거 vs V현재

모양

________________ V과 ________________

____

________ V현 ____________.

- 규칙 V   ex) work − worked − worked (동사의 과거형과 과거분사형이 동일하다.)
- VA   ex) cut − cut − cut (동사의 과거형과 과거분사형이 동일하다.)
- VB   ex) buy − bought − bought (동사의 과거형과 과거분사형이 동일하다.)

발견 V과 vs V현 ➡ V현 win

(과거시제의 동사와 현재시제의 동사가 같이 있을 때, 현재시제의 동사가 문장의 동사가 될 확률이 높다.)

의미 V현 ➡ 문장V

V과 ➡ p.p / ⓥ (동사의 과거형은 과거분사로 명사를 수식하는 역할을 하거나 종속절의 동사가 될 확률이 높다.)

---

01 The identical twins raised in different environments have different traits.
다른 환경에서 자란 일란성 쌍둥이는 다른 특성을 가지고 있다.

02 Like the movies produced by a Hollywood studio, scientific knowledge is the product of a complex social web.
할리우드 스튜디오에서 제작된 영화처럼, 과학적 지식은 복잡한 사회적 웹의 산물이다.

03 Around half the people in the United States live in the same house they lived in five years ago.
미국의 약 절반의 사람들이 5년 전에 살았던 집과 같은 집에서 산다.

3 **V과거 vs V현재**

Self
Note

01 The identical twins / raised(과거분사로 앞에 있는 명사 twins 수식) in different environments / have (현재시제로 문장의 동사) different traits.
일란성 쌍둥이는 / 다른 환경에서 자란 / 다른 특성을 가지고 있다.

02 Like the movies / produced(과거분사로 앞에 있는 명사 movies 수식) by a Hollywood studio, / scientific knowledge / is(현재시제로 문장의 동사) the product / of a complex social web.
영화처럼 / 할리우드 스튜디오에서 제작된, / 과학적 지식은 / 산물이다 / 복잡한 사회적 웹의

03 Around half the people / in the United States / live(현재시제로 문장의 동사) / in the same house [they lived(종속절의 과거시제 동사) in five years ago.]
약 절반의 사람들이 / 미국의 / 산다 / 같은 집에 [그들이 5년 전에 살았던]

장대영 영어
Graphic 구문

1 N 역할

02

Noun

1   N 역할 → [S O C]

* N역할

① 명사

② 대명사

③ To V – **명사구** 해석 **~것** * To V – to 부정사

④ Ving – **명사구** 해석 **~것** * Ving – 동명사

⑤ ● (Ⓢ) Ⓥ – **명사절**

* Noun – 명사 / * 영어에서 N (명사)는 문장에서 주어, 목적어, 보어의 역할을 할 수 있다.

---

1. 명사절

① that Ⓢ Ⓥ   해석   Ⓢ가 Ⓥ하는 것

② what (Ⓢ) Ⓥ   해석   (Ⓢ가) Ⓥ하는 것

③ whether Ⓢ Ⓥ   해석   Ⓢ가 Ⓥ하는지 아닌지 (여부)

④ 의문사 (Ⓢ) Ⓥ   해석   (Ⓢ가) Ⓥ하다 + 의문사

   *의문사 : when, where, why, how, who(m), what, which

⑤ wh–ever (Ⓢ) Ⓥ   해석   (Ⓢ가) Ⓥ하다 + ~이든지 간에

   *wh–ever : who(m)ever, whatever, whichever

2. 명사구 Image

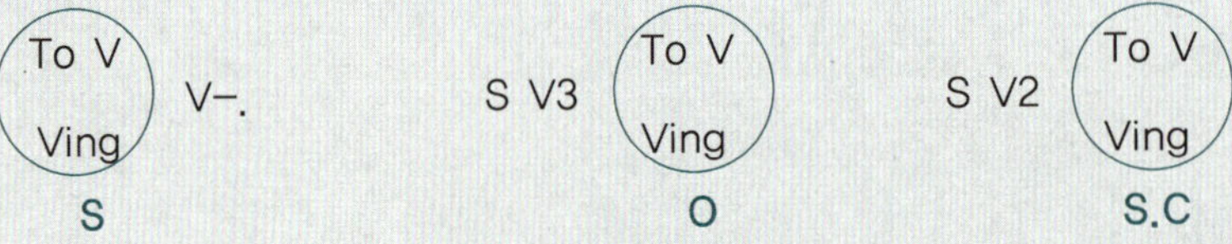

3. 명사절 Image

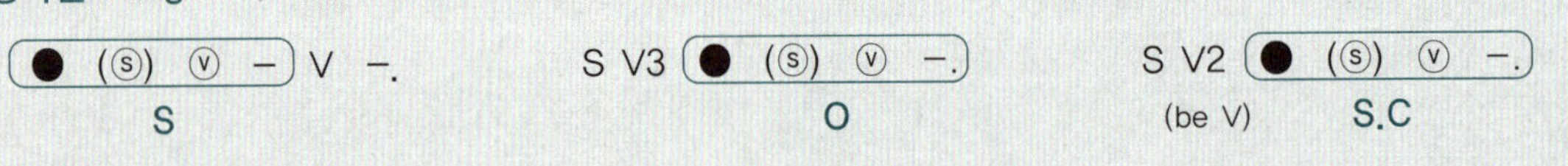

01   The best things carried to excess are wrong.

가장 좋은 것들이 지나치게 되었을 때는 잘못된 것이다(과유불급).

02   To love and to be loved is the greatest assets in the world.

사랑하고 사랑받는 것은 세상에서 가장 위대한 자산이다.

1 N 역할 → [S O C]

Self
Note

Self
Note

01 The best things carried to excess are wrong.　　　　[문장의 주어 : 명사 things]
가장 좋은 것들이 지나치게 되었을 때는 잘못된 것이다(과유불급).

02 To love and to be loved / is the greatest assets / in the world.　　[문장의 주어 : To 부정사]
사랑하고 사랑받는 것은 / 가장 위대한 자산이다 / 세상에서

03 Making a good impression during the first meeting is vital for friendship and for business.
첫 만남에서 좋은 인상을 주는 것은 우정과 사업에 있어서 중요하다.

04 That vegetarians have difficulty getting adequate protein is one of the biggest misconceptions.
채식주의자들이 적절한 단백질을 얻는 데 있어서 어려움을 겪는다는 것은 가장 큰 오해 중 하나이다.

05 Whether euthanasia will be legalized or not is a difficult issue: a right to live a dignified life or a crime that violates the constitutional law?
안락사가 합법화될 것인지 아닌지는 어려운 문제이다: 품위 있는 삶을 살 권리인가 아니면 헌법을 위반하는 범죄인가?

06 Whoever gossips to you will gossip about you. [Proverb]
너에게 남의 험담을 한 사람은 너에 대해서도 험담할 것이다.

07 The worst form of inequality is to try to make unequal things equal.
불평등의 가장 나쁜 형태는 불평등을 평등하게 만들려고 노력하는 것이다.

08 Of all the arts in which the wise excel, nature's chief masterpiece is writing well.
지혜로운 사람들이 뛰어난 모든 예술 중에서, 자연의 주요 걸작은 잘 쓰는 것이다.

09 The important idea is that our self-image is formed by our beliefs, not simply by our past experiences.
중요한 생각은 우리의 자아상은 단순히 과거의 경험에 의해서가 아니라 믿음에 의해서 형성된다는 것이다.

10 The question is whether I should give him another opportunity or not.
문제는 내가 그에게 다른 기회를 주어야 하느냐 마느냐 하는 것이다.

03 Making a good impression / during the first meeting / is vital / for friendship and for business.　　[문장의 주어: 동명사]
좋은 인상을 주는 것은 / 첫 만남에서 / 중요하다 / 우정과 사업에 있어서

04 That vegetarians / have difficulty getting / adequate protein / is one of the biggest misconceptions.　　[문장의 주어: That ⓢ ⓥ]
채식주의자들이 / 얻는 데 있어서 어려움을 겪는다는 것은 / 적절한 단백질을 / 가장 큰 오해 중 하나이다.

05 Whether euthanasia will be legalized or not / is a difficult issue: // a right / to live a dignified life / or a crime [that violates the constitutional law?]　　[문장의 주어: whether ⓢ ⓥ]
안락사가 합법화될 것인지 아닌지는 / 어려운 문제이다 // 권리인가 / 품위 있는 삶을 살 / 아니면 범죄인가 [헌법을 위반하는?]

06 Whoever gossips to you / will gossip / about you.　　[문장의 주어: whoever ⓥ]
너에게 험담을 한 사람은 / 험담할 것이다 / 너에 대해서도

07 The worst form of inequality / is to try to make / unequal things / equal.　　[문장의 주격 보어: to 부정사]
불평등의 가장 나쁜 형태는 / 만들려고 노력하는 것이다 / 불평등을 / 평등하게

08 Of all the arts [in which the wise excel], / nature's chief masterpiece / is writing well.　　[문장의 주격 보어: 동명사]
모든 예술 중에서 [지혜로운 사람들이 뛰어난] / 자연의 주요 걸작은 / 잘 쓰는 것이다

09 The important idea // is that our self-image is formed / by our beliefs, / not simply / by our past experiences.　　[문장의 주격 보어: that ⓢ ⓥ]
중요한 생각은 // 우리의 자아상은 형성된다 / 우리의 믿음에 의해, / 단순히 (형성되는 것이) 아니라 / 과거의 경험에 의해

10 The question // is whether I should give / him / another opportunity or not.　　[문장의 주격 보어: whether ⓢ ⓥ]
문제는 / 내가 주어야 하느냐 마느냐 하는 것이다 / 그에게 / 또 다른 기회를

11 I want to enjoy things and have fun and live like everyday is the last day. [from the movie The Last Time I saw Paris]

나는 매일이 마지막 날인 것처럼 모든 것을 즐기고 즐거워하면서 살기를 원한다.

12 She has just finished writing a book and handed it in to her editor. She is looking forward to her book being published.

그녀는 막 책 쓰는 것을 마쳤고 그것을 그녀의 편집자에게 제출했다. 그녀는 자신의 책이 출판되기를 기대(학수고대)하고 있다.

13 Your attitude dictates whether you are living life or life is living you. Attitude determines whether you are on the way or in the way.

당신의 태도가 당신이 삶을 살고 있는지 아니면 삶이 당신을 살게 하고 있는지를 좌우한다. 태도가 당신이 길을 가고 있는지 아니면 길을 가로막고 있는지를 결정한다.

14 When I went to my room after breakfast, I made my bed, straightened the room, dusted the floor, and did whatever else came to my attention.

아침 식사 후에 내 방에 갔을 때, 나는 내 침대를 정돈하고, 방을 정돈하고, 바닥에 먼지를 털고, 다른 무엇이든지 간에 내 주의를 끄는 것을 했다.

11 I / want to enjoy / things // and have fun and live // like everyday is the last day.

[문장의 목적어 : to 부정사]

나는 / 즐기기를 원한다 / 모든 것들을 // 즐거워하며 살기를 // 매일이 마지막 날인 것처럼

12 She / has just finished / writing a book // and handed / it / into her editor. // She / is looking forward / to her book being published.

[문장의 목적어: 동명사]

그녀는 / 막 마쳤다 / 책 쓰는 것을 // (그리고 그녀는) 제출했다 / 그것을 / 그녀의 편집자에게 // 그녀는 / 기대하고 있다 / 그녀의 책이 출판되기를

13 Your attitude / dictates // whether you are living life // or life is living you. // Attitude / determines // whether you are on the way / or in the way.   [문장의 목적어: whether ⓢ ⓥ]

당신의 태도가 / 좌우한다 / 당신이 삶을 살고 있는지 / 아니면 삶이 당신이 살게 하고 있는지 // 태도가 / 결정한다 / 당신이 길을 가고 있는지 / 아니면 길을 가로막고 있는지

14 When I / went to my room / after breakfast, // I made my bed, // straightened the room, // dusted the floor, // and did / whatever else / came to my attention.

[문장의 목적어: whatever ⓥ]

내가 / 방에 갔을 때 / 아침 식사 후에, // 나는 내 침대를 정돈하고 // (내가) 방을 정돈하고 // (내가) 바닥에 먼지를 털고 // (내가) 했다 / 다른 무엇이던 간에 / 나의 주의를 끄는

장대영 영어
Graphic 구문

Adjective

Adjective

1 후치수식 ⇨ 명사 뒤에서 꾸며주는 수식어

1 전치사구

N (전치사구)

ex) The flower (in this room) is mine.

01 A tree with beautiful blossoms does not always yield the best fruit.
아름다운 꽃이 피는 나무가 항상 최고의 열매를 맺는 것은 아니다.

2 to V

N to V – [해석] –하는 / –할 N

ex) There is something to drink (on the table).

01 It is sometimes argued that for many women the decision to work is not as important as that for men.
때때로 많은 여성들에게 있어서 일을 하겠다는 결정은 남성들만큼 중요하지 않다는 주장이 있다.

3 분사 (–ing / p.p)

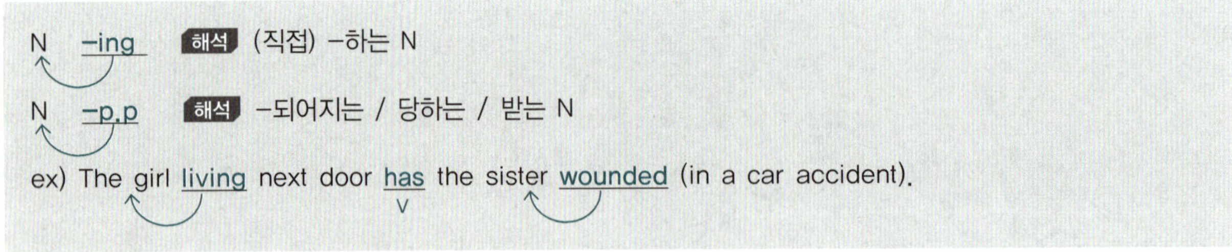

N –ing [해석] (직접) –하는 N

N –p.p [해석] –되어지는 / 당하는 / 받는 N

ex) The girl living next door has the sister wounded (in a car accident).

01 Eskimos living in the Arctic closely resemble a group of Asian people known as Mongolians.
북극에 사는 에스키모인들은 몽고인으로 알려진 아시아 사람들과 매우 닮았다.

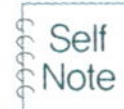 **1** 후치수식 Basics ⇨ 명사 뒤에 꾸며주는 수식어

1 전치사구

> Self
> Note

01 A tree / <u>with beautiful blossoms</u>(앞에 있는 명사 tree 수식) / does not always yield / the best fruit.
나무는 / 아름다운 꽃이 피는 / 언제나 맺는 것은 아니다 / 최고의 열매를

2 to V

> Self
> Note

01 It is sometimes argued // that for many women / the decision <u>to work</u>(앞에 있는 명사 decision 수식) / is not as important / as that for men.
때때로 중요하지 않다는 주장이 있다 // 많은 여성들에게 있어서 / 일을 하겠다는 결정은 / 중요하지 않다 / 남성들만큼

3 분사 (–ing / p.p)

> Self
> Note

01 Eskimos / <u>living</u>(앞에 있는 명사 Eskimos 수식) in the Arctic / closely resemble / a group of Asian people / <u>known</u>(앞에 있는 명사 people 수식) as Mongolians.
에스키모인들은 / 북극에 사는 / 매우 닮았다 / 아시아 사람들과 / 몽고인으로 알려진

4 관계사절

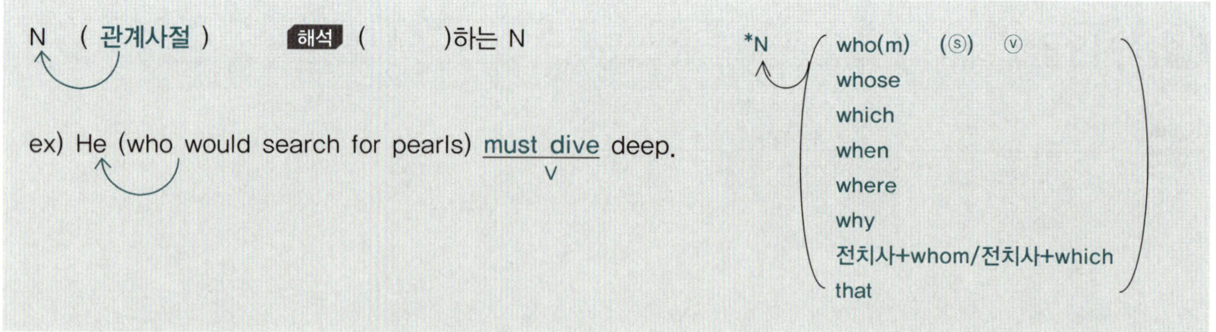

01 Employers look for employees who support each other, take pride in their work, and encourage a pleasant working environment.
고용주들은 서로를 지원하고, 자신의 일에 자부심을 갖고, 쾌적한 근무 환경을 조성하는 직원들을 찾는다.

02 Our self-image is the blueprint which determines how we see the world.
우리의 자아상은 세상을 바라보는 방식을 결정하는 청사진이다.

03 Goya painted some of his finest portraits around the time when he married in 1805.
고야는 1805년 그가 결혼할 때 자신의 가장 훌륭한 초상화 몇 점을 그렸다.

04 Traditional classrooms are a place where students may relate to one another face to face.
전통적인 교실은 학생들이 서로 얼굴을 맞대고 소통하는 곳이다.

5 동격절

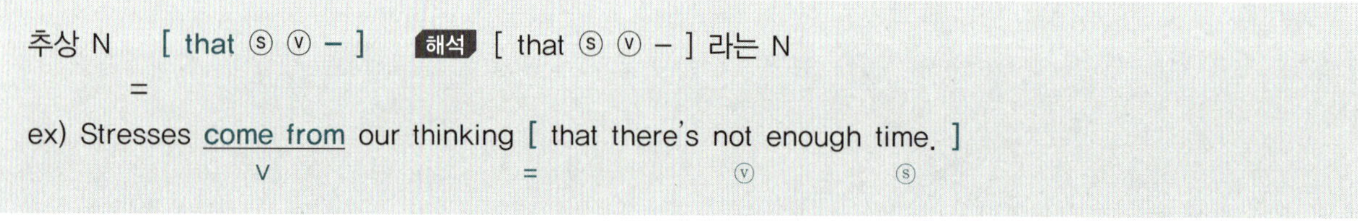

01 The medical community did not look seriously at the possibility that our mind could play an important role in illness and healing.
의료학계는 우리의 마음이 질병과 치료에 중요한 역할을 할 수 있다는 가능성을 진지하게 고려하지 않았다.

4 관계사절

Self
Note

01 Employeers / look for employees [who support each other, / take pride in their work, / and encourage a pleasant working environment(앞에 있는 명사 employees 수식).]
고용주들은 / 직원들을 찾는다 [서로를 지원하고, / 자신의 일에 자부심을 갖고, / 쾌적한 근무 환경을 조성하는]

02 Our self-image / is the blueprint [which determines how we see the world(앞에 있는 명사 blueprint 수식).]
우리의 자아상은 / 청사진이다 [세상을 바라보는 방식을 결정하는]

03 Goya / painted / some of his finest portraits / around the time [when he married in 1805 (앞에 있는 명사 time 수식).]
고야는 / 그렸다 / 가장 훌륭한 초상화 몇 점을 / 당시 [1805년 그가 결혼할 때]

04 Traditional classrooms / are a place [where students may relate to one another / face to face(앞에 있는 명사 place 수식).]
전통적인 교실은 / 장소이다 [학생들이 서로 소통하는 / 얼굴을 맞대고]

5 동격절

Self
Note

01 The medical community / did not look seriously / at the possibility [that our mind could play an important role / in illness and healing(앞에 있는 명사 possibility와 동격절).]
의료학계는 / 진지하게 고려하지 않았다 / 가능성에 대해서 [우리의 마음이 치료에 중요한 역할을 하는 / 질병과 치료에]

2 | 후치수식 Advanced

1 N ⓢ ⓥ

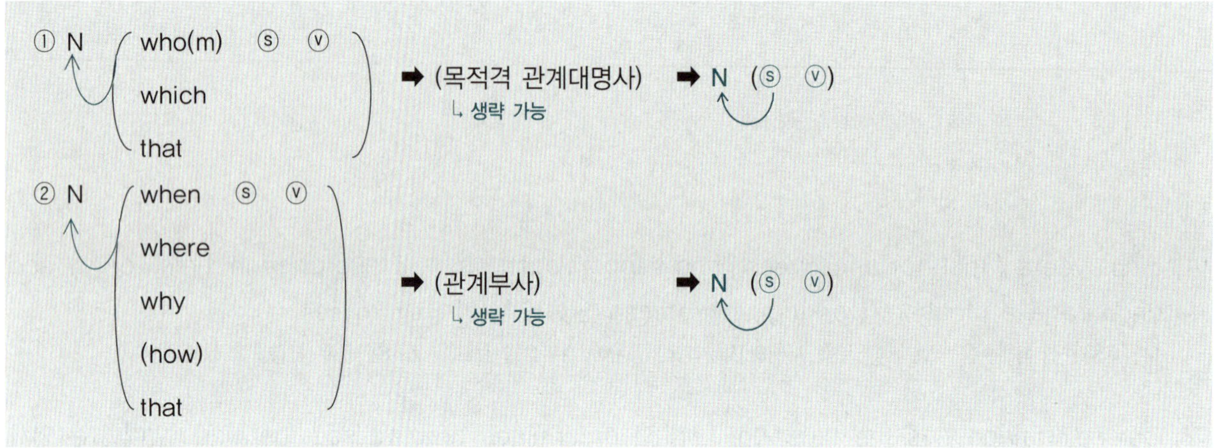

---

01 If <u>the painting you looked</u> at was a seascape, you may have liked it because the dark colors and enormous waves reminded you of <u>the wonderful memories you had in your hometown</u>.

만약 당신이 본 그림이 바다 풍경이었다면, 당신은 어두운 색과 거대한 파도가 당신이 당신의 고향에서 가졌던 멋진 추억을 떠올리게 했기 때문에 그것을 좋아했을 것이다.

02 Imagine a typical tourist who goes to another country on a group tour. He probably travels at <u>a peak time the airports are crowded and unpleasant</u>.

전형적인 관광객이 그룹 투어를 하면서 다른 나라로 가는 모습을 상상해보라. 그는 아마도 공항들이 가장 붐비고 불쾌한 성수기에 여행할지도 모른다.

03 I can't think of a single reason why I should be a surgeon, but I can think of <u>a thousand reasons I should quit</u>. [Grey's Anatomy]

나는 내가 왜 외과의사가 되어야 하는지에 대해서는 단 하나의 이유조차도 생각할 수 없지만 내가 그만두어야 하는 이유는 수천가지나 생각할 수 있다.

04 Attitude is <u>the way you look at the world around you</u>. It is <u>the way you view your environment and your future</u>.

태도는 당신이 당신 주위의 세상을 바라보는 방식이다. 그것은 당신의 환경과 미래를 보는 방법이다.

* the way how S V (X) — 선행사 the way와 관계부사 how를 같이 쓰지 못한다.

2 후치수식 Advanced

1 N Ⓢ Ⓥ

Self
Note

---

01 If the painting [you looked at] / was a seascape, // you may have liked it // because the dark colors and enormous waves / reminded / you of the wonderful memories [you had in your hometown.]

만약에 그 그림이 [당신이 본] / 바다 풍경이었다면, // 당신은 아마 그것을 좋아했을 것이다 // 왜냐하면 어두운 색과 거대한 파도가 / 떠올리게 했기 때문에 / 당신의 멋진 추억을 [당신이 당신의 고향에서 가졌던]

02 Imagine / a typical tourist [who goes to another country on a group tour.] // He probably travels / at a peak time [the airports are crowded and unpleasant.]

상상해보라 / 전형적인 관객을 [그룹 투어를 하면서 다른 나라로 가는] // 그는 아마도 여행할지 모른다 / 성수기에 [공항들이 가장 붐비고 불쾌한]

03 I / can't think / of a single reason [why I should be a surgeon,] // but I / can think / of a thousand reasons [I should quit.]

나는 / 생각할 수 없다 / 단 하나의 이유를 [왜 외과의사가 되어야 하는지] // 그러나 나는 / 생각할 수 있다 / 수천 가지의 이유를 [내가 그만 두어야만 하는]

04 Attitude / is the way [you look at the world around you.] // It is the way [you view your environment and your future.]

태도는 / 방법이다 [당신이 당신 주위의 세상을 바라보는] // 그것은 방법이다 [당신의 환경과 미래를 보는]

2 연속수식

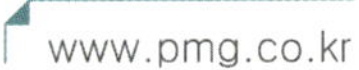

Pattern 1 – N (관계사절) (관계사절)

→ 연속된 2개의 관계사절이 하나의 선행사(명사)를 수식하는 경우

Pattern 2 – N (관계사절) (관계사절)

→ 앞에 있는 관계사절은 그 앞에 있는 선행사(명사)를 수식하고, 뒤에 있는 관계사절은 앞쪽 관계사절 끝에 있는 명사를 수식하는 경우

Pattern 3 – N (관계사절) 등위(접)속사 (관계사절)

→ 등위 접속사 (and, or, but)를 기준으로 연속된 2개의 관계사절이 하나의 선행사(명사)를 수식하는 경우

---

01 You are the only person whom I've ever met who understands me.
당신은 내가 만났던 사람 중에서 나를 이해해 주는 오직 단 한 사람이다.

02 Inuits often killed their babies in winter in the past because of the shortage of food. As can be seen from this example, in the world there are various customs which are peculiar to the culture and environment in which they are found.
과거의 겨울에 이누이트족은 식량부족으로 인해 종종 그들의 아기들을 죽였다. 이 예에서 볼 수 있듯이, 세계에는 그것들이 발견되는 문화와 환경에 특유한 다양한 관습들이 있다.

03 There are many things which are important for you to learn but which can never be taught in a classroom.
네가 배우는 것이 중요하지만 교실에서는 배울 수 없는 많은 것들이 있다.

2 연속수식

Self
Note

01 You / are the only person [whom I've ever met (person 수식)] [who understands me (person 수식).]
⇨ pattern 1
당신은 / 오직 단 한 사람이다 [내가 만났던 사람 중에서] [나를 이해해주는]

02 Inuits / often killed / their babies / in winter in the past / because of the shortage of food. // As can be seen from this example, / in the world / there are various customs [which are peculiar to the culture and environment (customs 수식)] [in which they are found (culture and environment 수식).]
이누이트족들은 / 자주 죽였다 / 그들의 아이들을 / 과거의 겨울에 / 식량부족으로 인해 // 이 예에서 볼 수 있듯이 / 세계에는 / 다양한 관습들이 있다[문화와 환경에 특유한] [그것들이 발견되는]
⇨ pattern 2

03 There are many things [which are important for you to learn - (things 수식)] but [which can never be taught in a classroom (things 수식).]
많은 것들이 있다 [네가 배우는 것이 중요하지만] [교실에서는 배울 수 없는]
⇨ pattern 3

3 선행사 분리

Pattern 1 – N (전치사구) (관계사절)

→ 선행사(명사)와 관계사절을 전치사구가 가리고 있는 경우

Pattern 2 – N V(자동사) (관계사절)
       S

→ 선행사(명사)와 관계사절을 자동사가 가리고 있는 경우

01 That government is best which governs least, because its people discipline themselves. [Thomas Jefferson]
최소한의 통치를 하는 그 정부가 최고이다. 왜냐하면 그 정부의 사람들은 스스로를 규율하기 때문이다.

02 The one trait of heroes that goes beyond all cultural boundaries is the willingness to risk one's life for the good of others.
모든 문화적 경계를 뛰어넘는 영웅들의 한 가지 특성은 다른 사람의 이익을 위해 기꺼이 자신의 목숨을 거는 것이다.

3 선행사 분리

01 That government / is best [which governs least (government 수식),] // because its people /
discipline themselves.
그 정부가 / 최고이다 [최소한의 통치를 하는] // 왜냐하면 그 정부의 사람들은 / 스스로를 규율하기 때문이다
⇨ pattern 2

02 The one trait of heroes [that goes beyond all cultural boundaries (trait 수식)] / is the
willingness / to risk one's life for the good of others.
영웅들의 한 가지 특성은 [모든 문화적 경계를 뛰어넘는] / 바로 의지이다 / 다른 사람의 이익을 위해 목숨을 거는
⇨ pattern 1

장대영 영어
Graphic 구문

Adverb

CHAPTER 04

Adverb

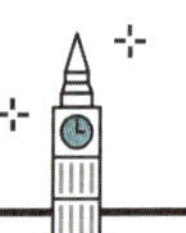

1 부사절

1 부사절 Image

접 S V – (,) S' V' – .

S V – (,) 접 S' V' –.

★접속사의 뜻★ * 원활한 해석을 위해서, 부사절 접속사는 뜻과 적용방식을 꼭 알아 두어야 한다.

2 절의 종류 & Image

① 명사절 image

● (ⓢ) ⓥ – V – . S V3 (● (ⓢ) ⓥ –). S V2 (● (ⓢ) ⓥ –).

↳ that (S) / (O) / (be V) (S.C)

what

whether

의문사

wh–ever

② 형용사절 image

N (● (ⓢ) ⓥ)

↳ who(m)

whose

which

when

where

why

전치사 + whom / 전치사 + which

that

③ 부사절 image

● ⓢ ⓥ –, S' V' – .   S' V' –. ● ⓢ ⓥ

1 부사절 Image

> Self
> Note

2 절의 종류 & Image

> Self
> Note

3 시간의 부사절 접속사

접속사	뜻	접속사	뜻
when	~할 때	since	~ 이후로
as	~할 때	until	~할 때까지
while	~하는 동안에	by the time	~할 무렵에
after	~한 후에	as soon as	~하자마자
before	~하기 전에	whenever	~할 때마다

4 이유의 부사절 접속사 (~이기 때문에)

because   since   as   for   now that   cf) in that ~라는 점에서

5 양보의 부사절 접속사 (~일지라도)

though   although   even though   even if   while

* <u>no matter how</u> 형 / 부 S V
  = <u>however</u>

* <u>no matter</u> − S V
  = <u>−ever</u>

* (As) 형 / 부 / 명 (<u>as</u> S V
                    <u>though</u>

6 조건의 부사절 접속사

접속사	뜻	접속사	뜻
if	~한다면	as (so) long as	~하는 한
unless	~하지 않는다면	supposing	= if
once	일단 ~하면	provided (that)	= if
in case	~인 경우에	providing (that)	= if

7 대조의 부사절 접속사 (~인 반면에)

whereas   while

3 시간의 부사절 접속사

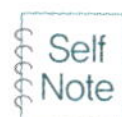

4 이유의 부사절 접속사 (~이기 때문에)

5 양보의 부사절 접속사 (~일지라도)

6 조건의 부사절 접속사

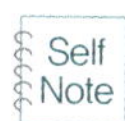

7 대조의 부사절 접속사 (~인 반면에)

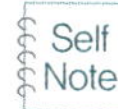

8 양태의 부사절 접속사 (~처럼/~대로)

접속사	뜻	접속사	뜻
as if	마치 ~처럼	as	~처럼 / ~대로
as though	마치 ~처럼	the way	~처럼 / ~대로
like	~처럼 / ~대로		

9 목적의 부사절 접속사

접속사	뜻	접속사	뜻
so that	~하기 위하여	lest	~하지 않도록
in order that	~하기 위하여	for fear	~할까 두려워서

10 결과의 부사절 접속사

접속사	뜻	접속사	뜻
so … that ~	너무 …해서 ~하다	such … that ~	너무 …해서 ~하다
, so that	그래서 ~		

01 By the time Matilda was three, she had taught herself to read by studying newspapers and magazines that lay around the house.

마틸다가 3살이 되었을 때, 그녀는 집 주위에 놓여있는 신문과 잡지들을 공부하면서 읽기를 독학했다.

* 부사절 − 접속사 ⇨ by the time S V → S가 V할 무렵에

02 Scarcely had an hour passed before we came upon another waterfall.

한 시간이 지나자마자 우리는 또 다른 폭포를 만났다.

* 부사절 − 접속사 ⇨ (Scarcely had S p.p / Hardly — A) (when S' V'과거 / before — B) → A하자마자 B

03 No sooner had we learned a new idea or technique than another one came to appear and replaced or improved what we had learned.

우리가 새로운 아이디어나 기술을 배우자마자 다른 것이 나타나서 우리가 배운 것을 대체하거나 개선했다.

* 부사절 − 접속사 ⇨ No sooner had S p.p than S' V'과거 → A하자마자 B
  (A) (B)

8 **양태의 부사절 접속사 (–처럼/–대로)**

> Self
> Note

9 **목적의 부사절 접속사**

> Self
> Note

10 **결과의 부사절 접속사**

> Self
> Note

01 By the time Matilda was three, // she had taught herself / to read / by studying newspapers and magazines [that lay around the house.]
마틸다가 3살이 되었을 때, // 그녀는 독학하기 시작했다 / 읽기를 / 신문과 잡지들을 공부하면서 [그녀 집 주위에 놓여있는]

> Self
> Note

02 Scarcely had an hour passed // before we came upon another waterfall.
한 시간이 지나자마자 // 우리는 또 다른 폭포를 만났다

> Self
> Note

03 No sooner had we learned a new idea or technique / than another one came to appear and / replaced or improved // what we had learned.
우리가 새로운 아이디어나 기술을 배우자마자 / 다른 것이 나타나서 / 대체하거나 개선했다 // 우리가 배운 것을

> Self
> Note

04 You only have power over people as long as you don't take everything away from them. But when you've robbed a man of everything he's no longer in your power — he's free again. [Alexander I. Solzhenitsyn]

당신이 사람들에게서 모든 것을 빼앗지 않는 한 당신은 사람들에 대한 영향력을 가진다. 하지만 한 사람으로부터 모든 것을 빼앗으면 그는 더 이상 우리의 영향력 안에 있지 않게 된다. 즉, 그는 다시 자유로워진다.

> * 부사절 − 접속사 ⇨ as long as S V → S가 V하는 한 / when S V → S가 V할 때

05 The company has made an alternative web site in case people experience difficulty accessing its main web site.

그 회사는 사람들이 주 웹사이트에 접속하는 데 어려움을 겪을 경우에 대비해 대체 웹사이트를 만들었다.

> * 부사절 − 접속사 ⇨ in case S V → S가 V하는 경우에, 경우를 대비하여

06 The various religions are like different roads converging on the same point. What difference does it make if we follow different routes, provided we arrive at the same destination? [Mahatma Gandhi]

다양한 종교들은 같은 지점에 서로 다른 길들이 모이는 것과 같다. 만약 우리가 같은 목적지에 도착한다면, 다른 경로로 간다고해서 어떤 차이가 있을까?

> * 부사절 − 접속사 ⇨ if S V → S가 V한다면, S가 V한다고 할지라도 / provided (that) S V → S가 V한다면

07 We must show every young person, no matter how deprived his background may be, that he has a genuine opportunity to fulfill himself and play a constructive role in our society.

그들의 배경이 아무리 불우하다고 할지라도, 우리는 모든 젊은이에게 자신의 역량을 발휘하고 우리 사회에서 건설적인 역할을 할 진정한 기회를 가지고 있다는 것을 보여주어야 한다.

> * 부사절 − 접속사 ⇨ No matter how 형용사 or 부사 S V → 아무리 S가 V한다고 할지라도

08 Whatever reading method is used, real-life reading material is the best way to improve your reading skills.

어떤 독서 방법을 쓰든, 실생활의 독서 자료는 당신의 읽기 능력을 향상시킬 수 있는 가장 좋은 방법이다.

> * 부사절 − 접속사 ⇨ wh-ever S V → S가 V하든지 간에

09 Death is always and under all circumstances a tragedy, for if it is not, then it means that life itself has become one. [Theodore Roosevelt, Letter to Cecil Spring-Rice]

죽음은 항상 그리고 모든 상황에서 비극이다. 왜냐하면 그렇지 않다면, 그것은 삶 자체가 비극이 되었다는 것을 의미하기 때문이다.

> * 부사절 − 접속사 ⇨ , for S V → S가 V하기 때문에

04 You only have power / over people // as long as you don't take everything / away from them. // But when you've robbed / a man of everything // he's no longer in your power — / he's free again.

당신은 영향력을 가진다 / 사람들에 대한 // 당신이 모든 것을 빼앗지 않는 한 / 사람들로부터 // 하지만 당신이 빼앗을 때 / 한 사람의 모든 것을 // 그는 더 이상 당신의 영향력에 있지 않게 된다 // 그는 다시 자유로워진다

Self
Note

05 The company / has made / an alternative web site // in case people experience / difficulty accessing / its main web site.

그 회사는 / 만들었다 / 대체 웹사이트를 // 사람들이 겪을 경우에 대비해서 / 접속의 어려움을 / 주 웹사이트에

Self
Note

06 The various religions / are like different roads / converging on the same point. // What difference does it make // if we follow different routes, // provided we arrive at the same destination?

다양한 종교들은 / 다른 길들과 같다 / 같은 지점으로 모이는 // 대체 어떤 차이가 있을까 // 만약 우리가 다른 경로로 간다고 해도 // 우리가 같은 목적지에 도착한다면?

Self
Note

07 We / must show every young person, // no matter how deprived his background may be, // that he has a genuine opportunity / to fulfill himself and play a constructive role / in our society.

우리는 / 모든 젊은이들에게 보여주어야 한다 // 그들의 환경이 아무리 불우하다고 할지라도 // 그들이 진정한 기회를 가지고 있다고 / 자신의 역량을 발휘하고 건설적인 역할을 할 수 있는 / 우리의 사회에

Self
Note

08 Whatever reading method is used, // real-life reading material / is the best way / to improve your reading skills.

어떤 독서 방법을 쓰든, // 실생활의 독서 자료는 / 가장 좋은 방법이다 / 당신의 읽기 능력을 향상시킬 수 있는

Self
Note

09 Death / is always and under all circumstances / a tragedy, // for if it is not, // then it means // that life itself has become one.

죽음은 / 항상 그리고 모든 상황에서 / 비극이다 // 왜냐하면 그렇지 않다면 // 그것은 의미한다 // 삶 자체가 비극이 되었다는 것을

Self
Note

10 Bad men live so that they may eat and drink, whereas good men eat and drink so that they may live. [Socrates]

나쁜 사람은 먹고 마시기 위해 사는 반면, 좋은 사람은 살기 위해 먹고 마신다.

> * 부사절 − 접속사 ⇨ so that S V → S가 V하도록 / whereas S V → S가 V하는 반면에

11 Time is the coin of your life. It is the only coin you have, and only you can determine how it will be spent. Be careful lest you let other people spend it for you.

시간은 당신의 인생이라는 동전이다. 그것은 당신이 가지고 있는 유일한 동전이며, 오직 당신만이 그것이 어떻게 사용될지를 결정할 수 있다. 다른 사람들이 그것을 당신 대신 쓰지 않도록 조심해라.

> * 부사절 − 접속사 ⇨ lest S V → S가 V하지 않도록

12 About one of every three households in the United States owns dogs or cats, so that there are approximately 55 million dogs and 65 million cats in the United States.

미국의 3가구 중 약 1가구는 개나 고양이를 키운다. 그래서 미국에는 약 5천 5백만 마리의 개와 6천 5백만 마리의 고양이가 있다.

> * 부사절 − 접속사 ⇨ , so that S V → 그래서 S가 V하다.

13 Avoid having your ego so close to your position that when your position falls, your ego goes with it. [Colin Power]

여러분 직위에 너무 가깝게 자아를 두어서 여러분의 직위가 떨어질 때, 여러분의 자아가 그것에 따르게 되는 것을 피해라.

> * 부사절 − 접속사 ⇨ so … that S V → 너무 … 해서 S가 V하다.

14 Acceptance is such an important commodity that some have called it "the first law of personal growth." [Peter Mcwilliams, Life]

수용은 매우 중요한 상품이어서 일부 사람들은 그것을 "개인 성장의 첫 번째 법칙"이라고 불렀다.

> * 부사절 − 접속사 ⇨ such … that S V → 너무 … 해서 S가 V하다.

15 Just as vigorous exercise releases endorphins in your brain that make you feel good physically, your acts of kindness release the emotional equivalent.

격렬한 운동이 신체적으로 기분을 좋게 하는 엔도르핀을 뇌에서 방출하게 하는 것처럼, 친절의 행동은 감정적으로 동등한 것을 방출하게 한다.

> * 부사절 − 접속사 ⇨ (just) as S V , (so) S' V' → 마치 S가 V하는 것처럼, S'가 V'하다.

10 Bad men live // so that they may eat and drink, // whereas good men eat and drink // so that they may live.

나쁜 사람은 산다 // 먹고 마시기 위해서 // 반면 좋은 사람은 먹고 마신다 // 살기 위해

Self Note

11 Time / is the coin of your life. // It is the only coin [you have], // and only [you can determine] // how it will be spent.

시간은 / 당신의 인생이라는 동전이다 // 그것은 유일한 동전이다 [당신이 가진] / 오직 당신만이 결정할 수 있다 // 그것이 어떻게 사용될지를

Be careful // lest you let other people / spend it for you.

조심해라 // 당신이 다른 사람들에게 허락하지 않도록 / 당신 대신 쓰는 것을

Self Note

12 About one of every three households / in the United States / owns dogs or cats, // so that there are approximately 55 million dogs and 65 million cats / in the United States.

3가구 중 1가구는 / 미국의 / 개나 고양이를 키운다 // 그래서 약 5천 5백만 마리의 개와 6천 5백만 마리의 고양이가 있다 / 미국에는

Self Note

13 Avoid / having your ego / so close to your position // that when your position falls, // your ego goes with it.

피해라 / 자아가 따르는 것을 / 직위에 너무 가깝에 두어서 // 여러분의 직위가 떨어질 때 // 여러분의 자아가 그것에 따르게 되는 것을

Self Note

14 Acceptance / is such an important commodity [that some have called it / "the first law of personal growth."]

수용은 / 매우 중요한 상품이다 [일부 사람들은 그것을 부른다 / "개인 성장의 첫 번째 법칙"이라고]

Self Note

15 Just as vigorous exercise releases / endorphins / in your brain [that make you feel good physically,] // your acts of kindness / release / the emotional equivalent.

격렬한 운동이 방출하는 것처럼 / 엔도르핀을 / 너의 뇌에서 [신체적으로 기분을 좋게 만드는] // 친절한 행동은 / 방출하게 한다 / 감정적으로 동등한 것을

Self Note

16 She is walking as if she doesn't know where she is headed for.

그녀는 어디로 향할지 모르는 것처럼 걸어가고 있다.

> * 부사절 – 접속사 ⇨ as if S V → 마치 S가 V하는 것처럼

17 Today's young people expect to solve all their problems immediately, the way a hero does in a movie.

오늘날의 젊은이들은 주인공이 영화에서 하는 것처럼 그들의 모든 문제를 즉시 해결하기를 기대한다.

> * 부사절 – 접속사 ⇨ the way S V → S가 V하는 것처럼

18 Whenever I really need something, I can't find it.

내가 무언가를 정말 필요로 할 때마다, 나는 그것을 찾을 수 없다.

19 There is also evidence that we may change our memories, if only a little, each time we recall them.

우리가 기억들을 회상할 때마다, 비록 조금일지라도, 우리의 기억을 바꿀지도 모른다는 증거도 있다.

20 Every time I have a problem, I talk to my mom or dad about it.

문제가 있을 때마다 나는 그것에 대해 엄마나 아빠에게 말한다.

> * 부사절 – 접속사 ⇨ Whenever
> Each time   S V   → S가 V할 때마다
> Every time

16 She is walking // as if she doesn't know // where she is headed for.
그녀는 걸어가고 있다 // 그녀가 모르는 것처럼 // 그녀가 어디로 향할지

Self
Note

17 Today's young people / expect to solve all their problems / immediately, // the way a hero does in a movie.
오늘날의 젊은이들은 / 모든 문제들 해결하기를 기대한다 / 즉시 // 주인공이 영화에서 하는 것처럼

Self
Note

18 Whenever I really need something, // I can't find it.
내가 무언가를 정말 필요로 할 때마다, // 나는 그것을 찾을 수 없다

19 There is also evidence [that we may change our memories,] / if only a little, // each time we recall them.
증거가 있다 [우리가 기억을 바꿀지도 모른다는] / 비록 조금이라도 // 우리가 기억들을 회상할 때마다

20 Every time I have a problem, // I talk to my mom or dad / about it.
문제가 있을 때마다 // 나는 엄마나 아빠에게 말한다 / 그것에 대해

Self
Note

2 분사구문

1 분사구문 Concept

접 S V ─, S' V' ─. ⇨ ─ing/p.p ─, S' V'
(종속절)   (주절)   [분사구문]

2 분사구문 Image & 해석

─ing ─, S' V' ─.   ─ing : 능동 해석   p.p : 수동 해석
 p.p   (~했다)   (~되어지다 / 당하다, 받다)
  v

S V ─, ─ing ─.   ─ing : 능동 해석   p.p : 수동 해석
          p.p   (~했다)   (~되어지다 / 당하다, 받다)
           v

01 Being in poor health, he had to stay away from school from time to time. His parents sent him to Jeju for a change of air.
그는 건강이 좋지 않아, 학교를 가끔 쉬어야 했다. 그의 부모님은 기분전환으로 그를 제주로 보냈다.

02 Waiting for the bus at the bus stop, I happened to see a car run into a dump truck at the street corner.
내가 버스정류장에서 버스를 기다리고 있었다. 길모퉁이에서 차가 덤프트럭에 부딪히는 것을 우연히 보았다.

03 Not seeing either the servant or the child return, she had sent him in search of them in every direction, and was waiting for them in great anxiety.
그 하인이나 아이가 돌아오는 것을 보지 못했다. 그녀는 그들을 찾도록 사방으로 그를 보냈고 몹시 불안해하며 기다리고 있었다.

> * **분사구문의 부정** not / never ─ing / p.p → 분사구문을 부정할 때는 앞에 not이나 never를 붙인다.

04 The rich should be willing to help the poor and unfortunate, always remembering that they are dependent on other people for having happy lives.
부자들은 가난한 사람들과 불행한 사람들을 기꺼이 도울 수 있어야 한다. 그들이 행복한 삶을 가지기 위해 다른 사람들에게 의존한다는 것을 기억한다.

05 Asked what my favorite book was, I was at a loss what answer to make.
내가 가장 좋아하는 책이 무엇이냐는 질문을 받았다. 나는 무슨 대답을 해야 할지 몰랐다

06 Thrown upon life at an early age, without means of subsistence, he had nothing to rely on but himself.
아무런 생계 수단 없이 어린 나이에 삶에 던져졌다. 그는 자신 외에 의지할 것이 없었다.

2 분사구문

1 분사구문 Concept

Self
Note

2 분사구문 Image & 해석

Self
Note

01 Being in poor health, // he had to stay away from school / from time to time. // His parents / sent / him / to Jeju / for a change of air.
건강이 좋지 않다 // 그는 학교를 쉬어야 했다 / 가끔 // 그의 부모님은 / 보냈다 / 그를 / 제주로 / 기분전환으로

02 Waiting for the bus / at the bus stop, // I happened to see // a car run into a dump truck / at the street corner.
버스를 기다리고 있을 때 / 버스정류장에서 // 나는 우연히 보았다 // 차가 덤프트럭에 부딪히는 것을 / 길모퉁이에서

03 Not seeing / either the servant or the child return, // she had sent him / in search of them / in every direction, // and was waiting for them / in great anxiety.
보지 못했기 때문에 / 하인이나 아이가 돌아오는 것을 // 그녀는 그를 보냈다 / 그들을 찾도록 / 사방으로 // 그리고 (그녀는) 그들을 기다리고 있었다 / 몹시 불안해하며

Self
Note

04 The rich / should be willing to help / the poor and unfortunate, / always remembering // that they are dependent on / other people / for having happy lives.
부자들은 / 기꺼이 도울 수 있어야 한다 / 가난한 사람들과 불행한 사람들을 / 언제나 기억하면서 // 그들이 의존한다는 것을 / 다른 사람들에게 / 행복한 삶을 가지기 위해

05 Asked // what my favorite book was, // I was at a loss / what answer to make.
질문을 받았을 때 // 내가 가장 좋아하는 책이 무엇이냐고 // 나는 몰랐다 / 무슨 대답을 해야할지

06 Thrown upon life / at an early age, / without means of subsistence, / he had nothing / to rely on / but himself.
삶에 던져졌기에 / 어린 나이에 / 아무런 생계수단 없이 / 그는 가지지 못했다 / 의존할 것이 / 자신 외에

3 부대상황

1 Image

with + **N** + –ing ⇨ (–ing): 능동 해석 (p.p): 수동 해석
    s   **p.p**   (~했다)   (~되어지다 / 당하다, 받다)
          V

01 With no defenders trying to tackle him, the attacker scored an easy goal.

수비수들이 그에게 태클을 걸지 않았다. 그 공격수는 쉬운 골을 넣었다.

02 With not one other man being in sight, he was not lonely.

주변에 아무도 없었다. 그는 외롭지 않았다.

03 With so many ethnicities represented in the US, you can explore foreign cultures without going very far when you are in the US.

미국에는 너무나도 많은 민족성들이 드러난다. 당신은 미국에 있을 때 멀리 가지 않고도 외국 문화를 탐험할 수 있다.

3 부대상황

1 Image

01 With no defenders / trying to tackle him, // the attacker scored an easy goal.
수비수들이 하지 않았다 / 그에게 태클을 걸려고 // 그 공격수는 쉽게 골을 넣었다

02 With not one other man / being in sight, // he was not lonely.
아무도 없었지만 / 주변에 // 그는 외롭지 않았다

03 With so many ethnicities / represented in the US, // you can explore / foreign cultures / without going very far // when you are in the US.
너무 많은 민족성들이 / 미국에 있어서 // 너는 탐험할 수 있다 / 외국 문화를 / 멀리 가지 않고도 // 당신이 미국에 있을 때

4 , who/ , which /, where / , when / , 부분 of whom(which)

1 , who / , which / , where / , when / , 부분 of whom (which)

, who ⟶ 그런데 그 사람이(을)

, which ⟶ 그런데 그것은(을)   + , 부분 of whom ⟶ 그런데 그들 중 ...은(을)

, where ⟶ 그런데 거기에서   + , 부분 of whom ⟶ 그런데 그것들 중 ...은(을)

, when ⟶ 그런데 그 때

01 There were few passengers who escaped from the accident.
사고에서 탈출한 승객은 거의 없었다.

There were few passengers, who escaped from the accident.
승객이 거의 없었는데, 그들은 사고에서 탈출했다.

02 Because our workload is projected to triple by the end of the year, we will need to hire additional staff, which will require us to move to a larger office space.
연말쯤에는 업무량이 세 배가 될 것으로 예상되기 때문에 인원 보강이 필요한데, 그렇게 하려면 더 큰 사무실로 이사를 해야 할 것이다.

03 As the hot air carrying water with it pushes into the freezing air, the water freezes into drops of ice. Then they fall down into warmer air, where another icy coat is made because of the moisture there.
물을 운반하는 뜨거운 공기가 차가운 공기에 부딪치면서 물은 얼음 조각으로 얼게 된다. 그 후 그것은 더 따뜻한 공기로 내려가고, 그런데 거기에서 습기로 인해 또 다른 얼음막을 생성한다.

04 We planned our purchases for the last day of the sale, when the prices would be really low.
우리는 판매 마지막 날에 물건을 구매할 계획을 세웠는데 그날에 가격이 정말 낮다.

05 My mother has three sisters, two of whom are teachers.
나의 어머니는 세명의 자매가 있는데, 그들 중 두 명은 선생님이시다.

06 My teacher lent me two books, neither of which I've read as yet.
나의 선생님이 나에게 두권의 책을 빌려 주셨는데, 그것들 중 어떤 것도 나는 아직 읽지 않았다.

4 , who/ , which /, where / , when / , 부분 of whom(which)

1 , who / , which / , where / , when / , 부분 of whom (which)

Self
Note

01 There were few passengers [who escaped from the accident.]
승객들은 거의 없었다 [사고에서 탈출한]

There were few passengers, [who escaped from the accident.]
승객들은 거의 없었다, [그런데 그들은 사고에서 탈출했다]

02 Because our workload / is projected to triple / by the end of the year, // we will need / to hire additional staff, [which will require us / to move to a larger office space.]
우리의 업무량이 / 세 배가 될 것으로 예상되기 때문에 / 연말 쯤에는 // 우리는 필요하다 / 인원 보강이, [그런데 그것은 우리에게 요구한다 / 더 큰 사무실로 이사할 것을]

03 As the hot air / carrying water with it / pushes into the freezing air, / the water freezes / into drops of ice.
뜨거운 공기가 / 물을 운반하는 / 차가운 공기에 부딪히며 / 물은 얼게 된다 / 얼음 조각으로
Then they fall down / into warmer air, [where another icy coat is made / because of the moisture there.]
그 후 그들은 내려간다 / 더 따뜻한 공기로, [그리고 거기에서 또다른 얼음막을 생성한다 / 그곳의 습기로 인해]

04 We / planned / our purchases / for the last day of the sale, [when the prices would be really low.]
우리는 / 계획했다 / 물건의 구매를 / 판매 마지막 날에, [그날에 가격이 정말 낮다]

05 My mother has three sisters, [two of whom are teachers.]
나의 어머니는 세 명의 자매가 있다, [그들 중 두 명은 선생님이시다]

06 My teacher / lent me / two books, [neither of which I've read / as yet.]
나의 선생님이 / 나에게 빌려줬다 / 두 권의 책을, [그것들 중 어떤 것도 나는 읽지 않았다 / 아직]

5 전치사 + 관계대명사

1 전치사 + 관계대명사

* 전치사 + 관계대명사   →   전치사의 뜻을 살려서 앞에서 뒤로 해석

01 He advanced slowly in the direction from which the sound had come.
그는 그 방향으로 천천히 나아갔는데 그곳으로부터 그 소리가 나왔다.

02 There are still several students in my class with whom I have never talked.
우리 반에는 여전히 몇 명의 학생들이 있는데 그들과 나는 대화를 나눠본 적이 없다.

03 Chopsticks are small sticks of wood or ivory with which we lift food to our mouths.
젓가락은 나무나 상아로 된 작은 막대기들인데 우리는 그것을 가지고 입에 음식을 올린다.

cf) 관계대명사의 위치가 V 앞인 경우 **2번째 V앞 끊기**
N (전 + 관.대 − V_1 −) V2
s   V

01 One of the principles on which our judicial system is founded is on the assumption that one is supposed innocent until proven guilty.
우리의 사법 제도가 확립된 원칙 중 하나는 유죄가 입증되기 전까지는 무죄라고 가정하는 것이다.

5 | 전치사 + 관계대명사

1 전치사 + 관계대명사

Self Note

01 He / advanced slowly / in the direction [from which the sound / had come.]
그는 / 천천히 나아갔다 / 그 방향으로 [그곳으로부터 소리가 / 나왔다]

02 There are / still several students / in my class [with whom / I / have never talked].
있다 / 여전히 몇 명의 학생들이 / 우리 반에는 [그들과 함께 / 나는 / 말해본 적이 없다.]

03 Chopsticks / are small sticks / of wood or ivory [with which we lift food / to our mouths.]
젓가락은 / 작은 막대기들이다 / 나무나 상아로 된 [그것들로 우리는 음식을 올린다 / 우리의 입으로]

Self Note

01 One of the principles [on which our judicial system is founded] / is(문장의 동사) on the assumption // that one is supposed innocent / until proven guilty.
원칙 중 하나 [우리의 사법제도가 확립된] / 가정하는 것이다 // 무죄라고 / 유죄가 입증될 때까지

6 whose

1 Image

N whose N' ▶ V 뒤   N whose N' ▶ N 의 N'
                                                의

N whose N' ▶ V 앞   N (whose N' – V1 –) V2 –. ▶ 2번째 V앞 끊기
                              s   v

cf) whose = of which

01 Marriage is a book whose the first chapter is written in poetry and the remaining chapters in prose. [Beverley Nichols]
결혼은 첫 장은 시로, 나머지 부분은 산문으로 쓰여진 책이다.

02 Tigers whose body parts are thought to have miraculous healing properties are being pushed to the brink of extinction.
호랑이는 그것의 신체 일부분이 기적 같은 치유 능력을 갖고 있는 것으로 여겨져 멸종 위기를 맞고 있다.

6 whose

1 Image

01 Marriage / is a book [whose the first chapter is written in poetry / and the remaining chapters in prose.]
결혼은 / 책이다 [첫 장은 시로 쓰여진다 / 나머지 부분은 산문으로]

02 Tigers [whose body parts are thought / to have miraculous healing properties] / are being pushed(문장의 동사) / to the brink of extinction.
호랑이 [호랑이의 신체 일부분은 여겨진다 / 기적 같은 치유 능력을 갖고 있다고] 위기를 맞고 있다 / 멸종 직전까지

7 접속사 + -ing/p.p. / 형용사 / 전치사구

1 접 + -ing / p.p / 형용사 / 전치사구 / , S' V' - .

```
접   S   be V  -ing,   S' V'  -.
               p.p
               형용사
               전치사구

S = S'  →  'S be V' 생략 가능

접   -ing,   S' V'  -.  ⇨  -하다
     p.p                  -되어지다, 당하다, 받다
     형용사                -이다, -하다
     전치사구               -있다
      V                      V
```

01 Use these guidelines when trying to grow plants less suited to the general climate of your region.
여러분의 지역의 일반적인 기후에 덜 적합한 식물 재배를 시도할 때, 이 지침을 이용하라.

02 If advertised properly, the movie would be successful in foreign markets.
만약 적절히 광고된다면, 그 영화는 해외 시장에서 성공할 것이다.

03 No two students are identical even when similar in interests, appearance, culture and surrounding environments.
흥미, 외모, 문화, 주변 환경이 비슷할 때조차도 두 학생이 똑같지는 않다.

04 When on the chair, she spilled water to the expensive rug.
의자에 앉았을 때, 그녀는 비싼 러그에 물을 쏟았다.

7 접속사 + –ing/p.p. / 형용사 / 전치사구

1 접 + –ing / p.p / 형용사 / 전치사구 / , S' V' – .

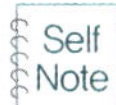

01 Use these guidelines // when trying to grow plants / less suited / to the general climate / of your region.
이 지침을 사용하라 // 식물 재배를 시도할 때 / 덜 적합한 / 일반적인 기후에 / 여러분의 지역에

02 If advertised properly, // the movie / would be successful / in foreign markets.
만약 적절히 광고된다면 // 그 영화는 / 성공할 것이다 / 해외 시장에서

03 No two students are identical / even when similar / in interests, appearance, culture and surrounding environments.
두 학생이 똑같지는 않다 / 비슷할 때조차도 / (두 학생의) 흥미, 외모, 문화, 주변 환경이

04 When on the chair, // she spilled water / to the expensive rug.
의자에 앉았을 때, // 그녀는 물을 쏟았다 / 비싼 러그에

장대영 영어
Graphic 구문

---

1 and / or / but
2 A, B 접속사

05

and / or / but –
병렬

and or but – 병렬

1 and / or / but

단어 + and / or / but + 단어
구 + and / or / but + 구
절 + and / or / but + 절

표기법
and / or ⟨and⟩
⟨or⟩
but │but│

ex) I **make** it a rule **to glance** (through the newspaper) ⟨and⟩ **watch** TV news everyday /
V

  so as not to be behind the times.

01 Boys need avenues where they can be active, burn up their energy, and test their strength.
남자아이들은 그들이 활동적일 수 있고, 그들의 에너지를 태우고, 그들의 힘을 시험해 볼 수 있는 장소가 필요하다.

* A, B, and C (V 원형)

02 It is important to analyze and discuss problems together, to set up alternatives, and to give reasons for the decisions reached.
함께 문제를 분석하고, 토론하고, 대안책을 만들고, 도달한 결정에 이유를 만드는 일이 중요하다

* A, B, and C (To V) + to V and (to) V

03 More sophisticated definitions of leadership shift away from the idea that leaders set concrete targets or that they specify the actions to be taken.
리더쉽의 더 정교한 정의들은 지도자들이 구체적인 목표를 정하거나 취해야 할 조치를 명시한다는 생각으로부터 벗어난다.

* A or B (that ⓢ ⓥ)

04 Conflict is always difficult, but it sometimes leads to growth and change in organizations.
갈등은 항상 어렵지만, 그것은 때때로 조직 내에서의 성장과 변화를 이끈다.

* A but B (S V)

1 and / or / but

01 Boys / need avenues [where they can be active, / burn up their energy, / and test their strength.]

남자아이들은 / 장소가 필요하다 [그들이 활동적일 수 있고 / 그들의 에너지를 태우고 / 그들의 힘을 시험해 볼 수 있는]

02 It is important / to analyze and discuss problems together, / to set up alternatives, / and to give reasons / for the decisions reached.

그것은 중요하다 / 함께 문제를 분석하고 토론하고 / 대안책을 만들고 / 이유를 만드는 일이 / 도달한 결정에

03 More sophisticated definitions of leadership / shift away / from the idea [that leaders set concrete targets or / that they specify / the actions to be taken.]

리더십의 더 정교한 정의들은 / 벗어난다 / 생각으로부터 [지도자들이 구체적인 목표를 정하거나 / 그들이 명시한다 / 취해야 할 조치를

04 Conflict is always difficult, // but it sometimes leads / to growth and change / in organizations.

갈등은 항상 어렵지만 // 그것은 이끈다 / 성장이나 변화로 / 조직 내에서의

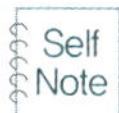

2 A, B 접속사

① both Ⓐ and Ⓑ	A와 B 둘 다
either Ⓐ or Ⓑ	A, B 둘 중 하나
neither Ⓐ nor Ⓑ	A와 B 둘 다 아닌

② *not Ⓐ but (rather) Ⓑ 　　　　　(instead)	A가 아니라 B	
=Ⓑ and not Ⓐ		
=Ⓑ not Ⓐ		
*not <u>only</u> Ⓐ but <u>(also)</u> Ⓑ	A 뿐만 아니라 B	
= <u>just</u>　= but Ⓑ <u>as well</u>		
= <u>merely</u>		
=Ⓑ as well as Ⓐ		
*not so much Ⓐ as Ⓑ	A라기보다는 B	*Grammar : A, B 병렬
= not Ⓐ so much as Ⓑ		*Reading : B 강조
=Ⓑ rather than Ⓐ		

01 It turns out that exposures to both natural and man-made compounds can induce epigenetic changes that are also passed down from generation to generation.
자연 및 인공 화합물에 대한 노출은 세대에서 세대로 전해질 수 있는 후생적 변화를 유도할 수 있다는 것이 밝혀졌다.

02 Even though many of our memories are vivid and some may even be accurate, most of what we remember of our daily lives is neither exact nor rich in detail.
비록 우리의 많은 기억들이 생생하고 어떤 것들은 정확할 수도 있지만, 우리가 기억하는 대부분의 일상은 정밀하지도 않고 상세하지도 않다.

03 The value of marriage is not that adults produce children but that children produce adults.
결혼의 가치는 어른이 아이를 낳는 것이 아니라 아이들이 어른을 낳는 것이다.

04 It matters how we live, not how long we live.
우리가 얼마나 오래 살지가 아니라, 우리가 어떻게 살지가 중요하다.

05 The need to think about people humanely applies not only to individuals but to groups as well.
사람에 대해 인간적으로 생각할 필요성은 개인 뿐만 아니라 집단에도 적용된다.

06 Her appearance is not so much attractive as plain.
그녀의 외모는 매력적이라기보다는 평범하다.

2 | A, B 접속사

01 It turns out // that exposures / to both natural and man-made compounds / can induce epigenetic changes [that are also passed down / from generation to generation.]
밝혀졌다 // 노출은 / 자연 및 인공 화합물에 대한 / 후생적 변화를 유도할 수 있다 [전해질 수 있는 / 세대에서 세대로]

02 Even though many of our memories / are vivid // and some may even be accurate, // most of what we remember of our daily lives / is neither exact / nor rich in detail.
비록 우리의 많은 기억들이 / 생생하고 // 어떤 것들은 정확할 수도 있지만 // 우리가 기억하는 대부분의 일상은 / 정밀하지 않고 / 상세하지 않다

03 The value of marriage // is not that adults produce children // but that children produce adults.
결혼의 가치는 // 어른이 아이를 낳는 것이 아니라 // 아이들이 어른을 낳는 것이다

04 It matters // how we live, // not how long we live.
그것은 중요하다 // 우리가 어떻게 살지 // 얼마나 오래 살지가 아니라

05 The need / to think about people humanely / applies / not only to individuals / but to groups as well.
필요성 / 사람에 대해 인격적으로 생각할 / 적용된다 / 개인 뿐만 아니라 / 집단에도

06 Her appearance / is not so much attractive / as plain.
그녀의 외모는 / 매력적이라기보다는 / 평범하다

장대영 영어
Graphic 구문

Picture Puzzle

Picture Puzzle

1 가S – 진S (가주어 – 진주어)

1 Image

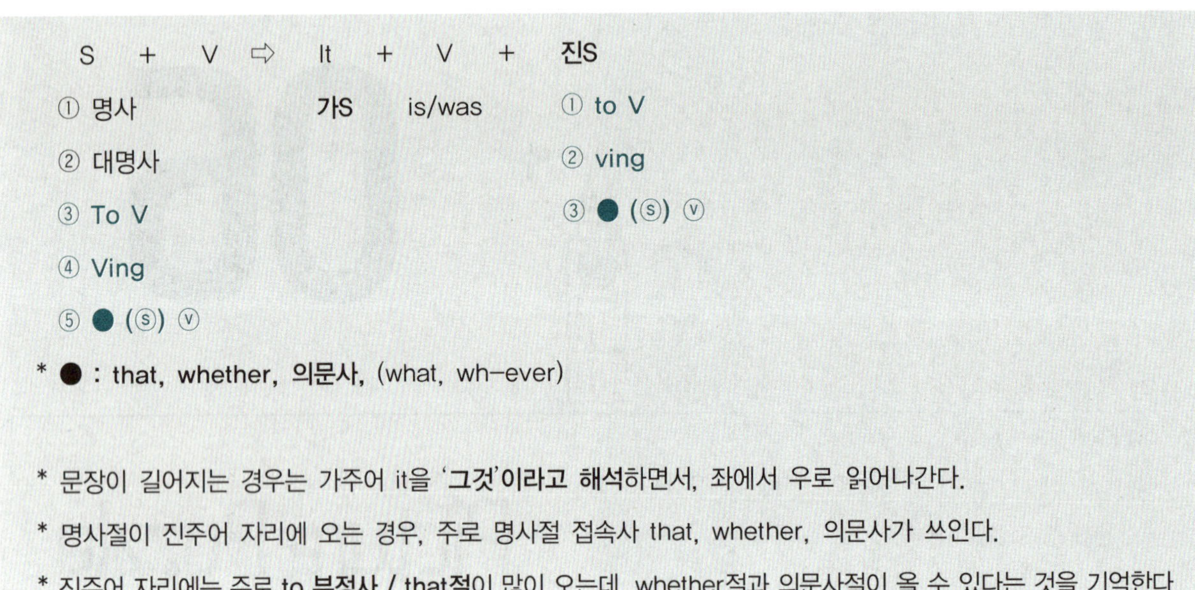

* 문장이 길어지는 경우는 가주어 it을 '그것'이라고 해석하면서, 좌에서 우로 읽어나간다.

* 명사절이 진주어 자리에 오는 경우, 주로 명사절 접속사 that, whether, 의문사가 쓰인다.

* 진주어 자리에는 주로 to 부정사 / that절이 많이 오는데, whether절과 의문사절이 올 수 있다는 것을 기억한다.

1 가S – 진S (가주어 – 진주어)

1 Image

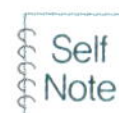

② 가S – 진S 발견

문장이

① It be V 형용사 ~

② It be p.p ~

③ It V(자동사) ~

로 시작하면 진주어 모양을 찾으러 간다. (다른 형태의 가주어 – 진주어 유도 모양이 있을 수 있다.)

01 It is utterly wrong <u>to spend</u> $5.3 million on a facility that only a few will have access to.
오직 소수의 사람들만이 접근할 수 있는 시설에 530만 달러를 쓰는 것은 완전히 잘못된 것이다.

02 It is paradoxical <u>that many educators and parents still differentiate between a time for learning and a time for play without seeing the vital connection between them</u>. [Leo Buscaglia]
많은 교육자들과 부모들이 그들 사이의 중요한 관계를 보지 않고 학습을 위한 시간과 놀이를 위한 시간을 여전히 구별한다는 것은 역설적이다.

03 When we are under stress, it's vital <u>whether we eat between meals or play sports</u>.
스트레스를 받을 때, 우리가 간식을 먹는지 아니면 운동을 하는지는 중요하다.

04 It matters little <u>who does the work</u> as long as it is done.
그것이 완성되기만 하면 누가 그 일을 하는지는 중요하지 않다.

05 You have no idea of how convenient it is <u>living</u> so close to the station.
역에서 매우 가까이 사는 것이 얼마나 편리한지 너는 모른다.

06 It is believed <u>that if people do harm to these cats, they will be punished</u>.
사람들이 이 고양이들에게 해를 입히면, 그들이 처벌받을 것이라고 믿고 있다.

2 가S – 진S 발견

Self
Note

01 It is utterly wrong / to spend $5.3 million / on a facility [that only a few will have access to.]

[진S: to V]

완전히 잘못된 것이다 / 530만 달러를 쓰는 것은 / 시설에 [오직 소수의 사람들만이 접근할 수 있는]

02 It is paradoxical // that many educators and parents / still differentiate / between a time for learning / and a time for play / without seeing the vital connection / between them.

[진S: that ⓢ ⓥ]

역설적이다 // 많은 교육자들과 부모들이 / 여전히 구별한다는 것은 / 학습을 위한 시간과 / 놀이를 위한 시간을 / 중요한 관계를 보지 않고 / 그들 사이의

03 When we are under stress, // it's vital // whether we eat between meals / or play sports.

[진S: whether ⓢ ⓥ]

스트레스를 받을 때, // 중요하다 // 우리가 간식을 먹는지 / 아니면 운동을 하는지

04 It matters little / who does the work / as long as it is done.   [진S: who ⓥ]

중요하지 않다 / 누가 그 일을 하는지 / 그것이 완성되기만 한다면

05 You have no idea // of how convenient it is / living so close / to the station.

[진S: Ving]

너는 모른다 // 얼마나 편리한지 / 매우 가까이 사는 것이 / 역에서

06 It is believed // that if people do harm to these cats, // they / will be punished.

[진S: that ⓢ ⓥ]

사람들이 믿고 있다 // 사람들이 이 고양이들에게 해를 입히면 // 그들이 / 처벌받을 것이라고

2 가O – 진O (가목적어 – 진목적어)

1 Image

'S + V + O + O.C' 이 5형식 문장에서
① V 자리에 make / believe / consider / think / find 중에 하나가 있다.
② O 자리에 to V / Ving / ● (Ⓢ) Ⓥ 중에 하나가 와서 O가 길어진다. (주로, to 부정사와 that절)
* ●: that, whether, 의문사, (what, wh–ever)

S	+	<u>V</u>	+	가O	+	O.C	+	<u>진O</u>

  ① make   it   (형용사)   ① to V
  ② believe   ② ving
  ③ consider   ③ ● (Ⓢ) Ⓥ
  ④ think
  ⑤ find

2 가O – 진O 발견

S 다음에 V 자리에 make / find / believe / think / consider 가 나온 뒤 바로 뒤에 it, 그 뒤에 '형용사'가 나오면 진O를 찾아본다.

해석 순서   S   V   it   O.C   진O
                   (가O)
          ①   ④   X   ③   ②

01 You may find it valuable considering <u>compromising</u> between your rules and social norms.
너는 너의 원칙과 사회적인 규범 사이에서 타협하는 것을 고려하는 것이 가치 있다는 것을 알게 될지도 모른다.

02 Many vegetarians find it disgusting <u>that people raise animals just to kill them</u>.
많은 채식주의자들은 사람들이 단지 동물을 죽이기 위해 기르는 것이 혐오스럽다고 생각한다.

03 If you make it evident <u>that you like people</u>, it's hard for them to resist liking you back. [Lois McMaster Bujold]
만약 당신이 사람들을 좋아한다는 것을 분명히 한다면, 그들이 당신을 좋아하지 않는 것은 어렵다.

04 Due to the bulky mass of an encyclopedia, producers also offer this in computer software to make it easy <u>to look up</u> entries.
백과사전의 부피가 크기 때문에, 제작자들은 또한 출품작을 쉽게 찾을 수 있도록 이것을 컴퓨터 소프트웨어로 제공한다.

2 가O – 진O (가목적어 – 진목적어)

---

❶ Image

Self
Note

---

❷ 가O – 진O 발견

Self
Note

01 You / may find / it valuable / considering compromising / between your rules and social norms.

[진O: Ving]

너는 / 알게 될지도 모른다 / 가치있다는 것을 / 타협하는 것을 고려하는 것이 / 너의 원칙과 사회적인 규범 사이에서

02 Many vegetarians find / it disgusting / that people raise animals / just to kill them.

[진O: that ⓢ ⓥ]

많은 채식주의자들이 생각한다 / 혐오스럽다고 / 사람들이 동물을 기른다 / 단지 그들을 죽이기 위해

03 If you make it evident / that you like people, // it's hard / for them / to resist / liking you back.

[진O: that ⓢ ⓥ]

만약 분명히 한다면 / 당신이 사람들을 좋아한다는 것을 // 어렵다 / 그들이 / 당신을 좋아하지 않는 것은

04 Due to the bulky mass of an encyclopedia, / producers also offer this / in computer software / to make it easy / to look up entries.

[진O: to V]

백과사전의 부피가 크기 때문에 / 제작자들은 또한 이것을 제공한다 / 컴퓨터 소프트웨어로 / 쉽게 하기 위해서 / 출품작을 찾는 것이

3 It … for O to V

1 Image

01 It is a valuable opportunity for your children to learn about the world through television, but it can prevent them from other kinds of learning that are to a balanced education.
당신의 아이들이 텔레비전을 통해 세상에 대해 배우는 것은 귀중한 기회지만, 그것은 균형 잡힌 교육에 대한 다른 종류의 학습을 막을 수 있다.

02 It is honest of her to tell the truth.
그녀가 진실을 말하는 것은 정직한 일이다.

03 The Internet has made it possible for an enormous amount of information to be accessible from anywhere in the world.
인터넷은 방대한 양의 정보가 세계 어느 곳에서도 접근이 가능해지도록 만들었다.

3 It ⋯ for O to V

1 Image

---

01 It is a valuable opportunity / for your children / to learn / about the world / through television, // but it can prevent them // from other kinds of learning [that are to a balanced education.]

귀중한 기회이다 / 당신의 아이들이 / 배우는 것은 / 세상에 대해 / 텔레비전을 통해 // 그러나 그것은 그들로부터 막을 수 있다 // 다른 종류들의 학습을 [균형잡힌 교육에 대한]

02 It is honest / of her / to tell the truth.

정직한 일이다 / 그녀가 / 진실을 말하는 것은

03 The Internet / has made it possible / for an enormous amount of information / to be accessible / from anywhere in the world.

인터넷은 / 가능해지도록 만들었다 / 방대한 양의 정보가 / 접근이 가능해지도록 / 세계 어느 곳에서도

4 It − that 강조

1 모양

It be V ● that −

① be V: is, was, has been / had

② ● 강조 내용: 단어·구·절

③ that : ●(人) → who   ●(物) → which   ●(時間) → when

2 해석

It be V ②● that ① − ⇨ −인 것은 바로 ●

3 특징

① It / be V / that을 제거 ⇨ 하나의 의미를 가진 문장 완성 (어순 신경X)

② 문장의 모든 요소를 강조 가능! (단 V강조 X)

cf) V 강조 → (do / does / did)

ex) My mom met my teacher there.

　　− S 강조: It was my mom (that / who) met my teacher there.

　　− O 강조: It was my teacher (that / who) my mom met there.

　　− 부사 강조: It was there that my mom met my teacher.

　　cf) V 강조: My mom did meet my teacher there.

Tip It be V로 문장이 시작되었는데, be V뒤에 '형용사'가 아니면, It-that 강조 구문을 먼저 의심한다.

4 It – that 강조

① 모양

Self
Note

② 해석

Self
Note

③ 특징

Self
Note

Self
Note

01 It was Franco <u>that</u> had asked Germany to bomb Guernica.

독일에게 Guernica를 폭격해달라는 부탁을 했던 것은 바로 Franco였다.

02 It was at the 1928 St. Moritz Olympic Winter Games <u>that</u> skeleton made its Olympic debut.

skeleton이 올림픽에서 처음 등장한 것은 바로 1928sus ST. Moritz 동계 올림픽에서였다.

03 It is only when our parents are gone and we never see them again <u>that</u> we find that they and we are indivisible.

그들과 우리가 나눌 수 없다는 것을 알게되는 것은 바로 우리의 부모님이 돌아가셔서 우리가 그들을 다시는 볼 수 없을 때이다.

04 It is generally the young and active members of the population <u>who</u> tend to migrate.

이주하는 경향이 있는 사람들은 일반적으로 그 인구의 젊고 활동적인 구성원들이다.

05 Above all, it has been the exceptionally rapid growth of computer technology <u>that</u> has changed every aspect of our lives.

무엇보다도, 우리 삶의 모든 면을 바꾸어 온 것은 컴퓨터 기술의 예외적으로 빠른 성장이었다.

06 Sometimes it's not the job you do but your approach to it <u>that</u> makes the difference in how much joy you get from your work.

때때로, 당신이 당신의 일로부터 얼마나 많은 기쁨을 얻는지에 차이를 만드는 것은 당신이 하는 일이 아니라 그것에 대한 당신의 접근법이다.

07 It is not the strongest of the species, nor the most intelligent, but the one most responsive to change <u>that</u> survives to the end.

끝까지 생존하는 것은 종들 중 가장 강한 존재도 아니고 가장 지적인 존재도 아니고 변화에 가장 반응을 잘하는 존재이다.

> * It − that 강조 빈출 pattern 1
>
> It be V <u>not A but B</u> that − **해석** −인 것은 바로 A가 아니라 B이다.

08 It was not until after he left school <u>that</u> he could earn his own living.

그가 스스로 생계를 꾸릴 수 있었던 것은 학교를 졸업하고 나서였다.

09 It is not until we lose our health <u>that</u> we realize the value of it.

우리가 건강의 가치를 깨닫는 것은 바로 우리가 건강을 잃어버리고 나서이다.

> * It − that 강조 빈출 pattern 2
>
> It be V <u>not until</u> − that …   ① not until − **해석** −가 되어서야 (비로소)
>
> ② It beV not until − <u>that</u> … **해석** …인 것은 바로 −가 되어서야 (비로소)

01 It was Franco that / had asked Germany / to bomb Guernica.
바로 Fanco였다 / 독일에게 부탁을 했던 / Guernica을 폭격해달라고

02 It was at the 1928 St. Moritz Olympic Winter Games that // skeleton made its Olympic debut.
바로 1928년 ST. Moritz 동계 올림픽이었다 // skeleton이 올림픽에서 처음 등장한 것은

03 It is only when our parents are gone // and we never see them again that // we find // that they and we are indivisible.
우리 부모님이 돌아가셔서 // 우리가 그들을 다시 볼 수 없을 때 // 우리는 알게 된다 // 그들과 우리가 나눌 수 없다는 것을

04 It is generally / the young and active members of the population / who tend to migrate.
일반적으로 / 젊고 활동적인 구성원들이 / 이주하는 경향이 있다

05 Above all, / it has been the exceptionally / rapid growth of computer technology / that has changed / every aspect of our lives.]
무엇보다도 / 예외적으로 / 컴퓨터 기술의 빠른 성장이 / 바꾸어 왔다 / 우리 삶의 모든 면을

06 Sometimes / it's not the job [you do] / but your approach / to it / that makes the difference / in how much joy you get / from your work.
때때로 / 일이 아니다 [당신이 하는] / 바로 당신의 접근법이다 / 그것에 대한 / 차이를 만든다 / 얼마나 많은 기쁨을 얻는지 / 당신의 일로부터

07 It is not the strongest of the species, / nor the most intelligent, // but the one most responsive / to change / that survives to the end.
종들 중 가장 강한 존재도 아니고 / 가장 지적인 존재도 아니고 / 가장 반응을 잘하는 존재가 / 변화에 / 끝까지 생존한다

Self Note

08 It was not until after he left school that // he could earn his own living.
그가 졸업하고 나서야 // 그는 스스로 생계를 꾸릴 수 있었다

09 It is not until we lose our health that // we realize the value of it.
우리가 건강을 잃어버리고 나서 // 우리는 건강의 가치를 깨닫는다

Self Note

5 도치

1 S와 V의 도치

●   V   S

① 장소/방향의 부사(구)

② 부정어

③ 형용사계열

* 문장의 V 앞에 위 3가지가 나오면, 주어와 동사의 위치가 바뀐 도치 문장을 먼저 의심한다.

01 On the south side of the building rises up the church with its great gray tower.
그 건물의 남쪽에는 거대한 회색 탑이 있는 교회가 솟아 있다.

02 More evident is the fact that those who spend their lives watching television do not read as much as they should.
더욱 분명한 것은 TV를 시청하면서 일생을 보내는 사람들이 그들이 해야 할 만큼 독서를 많이 하지 않는다는 사실이다.

03 Never in my life have I been so strongly attracted to any man, before or since.
나는 인생에서 어떤 남자에게도 그렇게 강하게 끌려 본 적이 없다.

04 Every man should be responsible to others, nor should anyone be allowed to do just as he pleases. [Aristotle, politics]
모든 사람은 다른 사람에게 책임을 져야만 하고, 어느 누구도 그가 원하는 대로 하도록 허락되어서는 안 된다.

05 Only in the early twentieth century were several laws passed that restricted both the number of people who could come to the United States and where they could come from.
20세기 초가 되어서야 미국으로 올 수 있는 사람들의 수와 어디서 그들이 올 수 있는지를 제한하는 여러 개의 법들이 통과되었다.

06 Only when he left his hometown did he feel how much he loved it.
그가 그의 고향을 떠날 때 바로 그는 자신의 고향을 얼마나 사랑했는지를 느꼈다.

07 Not until this morning did he hear the good news.
오늘 아침이 되어서야 그는 그 희소식을 들었다.

08 Not until the Sunday service was held did she show up.
그녀는 주일 예배가 열리고 나서야 나타났다.

5 도치

1 S와 V의 도치

Self
Note

01 On the south side of the building / rises up / the church / with its great gray tower.
[장소의 부사구 ＋ V ＋ S]
그 건물의 남쪽에는 / 솟아 있다 / 교회가 / 거대한 회색 탑이 있는

02 More evident is the fact // that those [who spend their lives watching television] / do not read as much as / they should.
[형용사 ＋ V ＋ S]
그 사실은 더욱 분명하다 // 사람들은 [TV를 시청하면서 일생을 보내는] / 독서를 많이 하지 않는다 / 그들이 해야 할 만큼

03 Never in my life have I been / so strongly attracted / to any man, / before or since.   [부정어 ＋ V ＋ S]
내 인생에서 그런 적이 없다 / 그렇게 강하게 끌렸다 / 어떤 남자에게도 / 그전 또는 그후에도

04 Every man / should be responsible / to others, / nor should anyone / be allowed to do / just as he pleases.
[부정어 ＋ V ＋ S]
모든 사람은 / 책임을 져야만 한다 / 다른 사람을 / 어느 누구도 / 허락되어서는 안된다 / 그가 원하는 대로

05 Only in the early twentieth century / were several laws passed [that restricted both the number of people] [who could come to the United States and where they could come from.]
[Only 부사구 ＋ V ＋ S]
20세기 초가 되어서야 / 여러 개의 법들이 통과되었다 [사람들의 수를 제한하는] [미국으로 올 수 있는] [그리고 어디서 그들이 올 수 있는지를]

06 Only when he left his hometown did // he feel // how much he loved it. [Only 접속사 s v ＋ V ＋ S]
그가 고향을 떠날 때 // 그는 느꼈다 // 얼마나 그가 고향을 사랑했는지

07 Not until this morning did // he hear the good news.
[Not until 부사 ＋ V ＋ S]
오늘 아침이 되어서야 // 그는 그 희소식을 들었다

08 Not until the Sunday service was held did // she show up.
[Not unitl s v ＋ V ＋ S]
주일 예배가 열리고 나서야 // 그녀가 나타났다

2 O 전치

```
S     V     O
→ O   S     V
```
* 3형식 구조에서 강조를 위해 동사 뒤에 있던 목적어를 앞으로 빼는 경우가 있다. 이때 주어와 동사의 위치는 바뀌지 않는다.

```
S     V     O     O.C
→ O   S     V     O.C
```
* 5형식 구조에서 강조를 위해 동사 뒤에 있던 목적어를 앞으로 빼는 경우가 있다. 이때 주어와 동사의 위치는 바뀌지 않는다.

01 All the knowledge I possess everyone else can get, but my heart is all my own.
내가 가진 모든 지식은 모든 이들이 다 얻을 수 있지만 내 마음은 모두 내 것이다.

02 What you think boring your friends may find exciting; what you consider pointless they may find meaningful.
당신이 지루하다고 생각하는 것을 당신의 친구는 흥미롭다고 생각할 수 있고, 당신이 무의미하다고 생각하는 것을 그들은 의미 있다고 생각할 수도 있다.

3 O 후치

```
S     V     O     O.C
→ S   V     O.C   O
```
* 5형식 구조에서 목적어가 길어지는 경우, 짧은 목적격 보어를 앞으로 빼서 동사 뒤에 두고, 길어진 목적어를 문장 끝으로 보내는 경우가 있다.

01 The internet has made possible vast advantages in many fields.
인터넷은 많은 분야에서 막대한 이점들을 가능하게 만들어 왔다.

4 S.C 전치

```
S         V       S.C
         (be V)
→ S.C     V       S
         (be V)
```
* 2형식 구조에서 강조를 위해 동사 뒤에 있던 주격 보어를 앞으로 빼는 경우가 있다. 이때 주어와 동사의 위치가 바뀐다.

01 What is necessary, therefore, are policies to ensure that social cohesion is maintained within various social institutions, and in society at large.
그러므로, 사회적 통합이 다양한 사회 제도들 안에서, 그리고 전반적인 사회 안에서 이루어지도록 보장하는 정책들이 필요한 것이다.

② O 전치

Self
Note

01 All the knowledge(목적어) [I possess] everyone else(주어) can get(동사), // but my heart / is all my own.

모든 지식은 [내가 가진] 모든 이들이 가질 수 있지만 // 내 마음은 / 모두 내 것이다

02 What you think boring(목적어) // your friends(주어) may find(동사) exciting(목적격 보어); // what you consider pointless(목적어) // they(주어) may find(동사) meaningful(목적격 보어).

당신이 지루하다고 생각하는 것을 // 당신의 친구들은 흥미롭다고 생각할 수 있다 / 당신이 무의미하다고 생각하는 것을 / 그들은 의미 있다고 생각할 수 있다

③ O 후치

Self
Note

01 The internet(주어) / has made(동사) possible(목적격 보어) / vast advantages(목적어) / in many fields.

인터넷은 / 가능하게 만들어 왔다 / 막대한 이점들은 / 많은 분야에서

④ S.C 전치

Self
Note

01 What is necessary(주격 보어), therefore, // are(동사) policies(주어) / to ensure / that social cohesion is maintained / within various social institutions, / and in society at large.

필요한 것은, 그러므로 / 정책들이다 / 보장하는 / 사회적 통합이 유지되도록 / 다양한 사회적 제도들 안에서 / 전반적인 사회 안에서

5 If절 도치

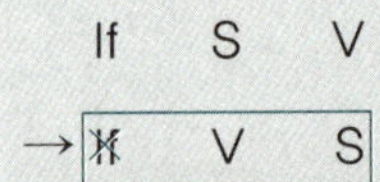

If S V
→ If V S

* If절에서 If를 없애고 도치를 시키는 3가지 경우가 있다.
  ① If S were ~ ⇨ Were S ~
  ② If S had p.p ~ ⇨ Had S p.p ~
  ③ If S should V원형 ~ ⇨ Should S V원형 ~

01 Were I as handsome as you, I would be an actor.
내가 너만큼 잘생겼다면, 배우가 될 텐데.

02 Had it rained yesterday, we might have canceled the promise.
어제 비가 왔더라면 우리는 약속을 취소했을지도 모른다.

03 Should the owner decide to sell the car, it would be in the owner's best interest to sell it at the highest possible price.
만약 소유주가 자동차를 팔기로 결정한다면 그것을 가능한 한 최고 가격으로 판매하는 것이 소유주에게 가장 이익이 될 것이다.

6 So V S / Neither [Nor] V S

A : I like watching TV.　　나는 TV 보는 것을 좋아해.
B : **So do I.**　　나도 그래.
* 앞에 나온 긍정문의 반복을 피하기 위해, 'So V S' 형태의 도치 문장을 쓰면 'S도 그렇다'라는 해석이 된다.

A : I don't like watching TV.　　나는 TV 보는 것을 좋아하지 않아.
B : **Neither do I.**　　나도 그렇지 않아.
* 앞에 나온 부정문의 반복을 피하기 위해, 'Neither [Nor] V S' 형태의 도치 문장을 쓰면 'S도 그렇지 않다'라는 해석이 된다.

01 As the experience is repeated, the level of arousal diminishes, and so does pleasure.
경험이 반복되면, 자극의 정도는 줄어들고, 기쁨도 감소한다.

02 In the 1860s, the populations of Manhattan and Brooklyn were rapidly increasing, and so was the number of the commuters between them.
1860년대에, Manhattan과 Brooklyn의 인구는 빠르게 증가하고 있는 중이었다. 그리고 그 두 곳 사이의 통근자들 수도 그랬다. (빠르게 증가했다.)

03 She was not good at math, nor did she seem to improve.
그녀는 수학에 서투르고, 향상되는 것처럼 보이지도 않았다.

---

5 **If절 도치**

Self
Note

01 <u>Were I as handsome as you</u>, // I would be an actor.
= If I were as handsome as you
내가 너만큼 잘생겼다면 // 나는 배우가 될 텐데

02 <u>Had it rained yesterday</u>, // we might have canceled the promise.
= If it had rained yesterday
어제 비가 왔더라면 // 우리는 약속을 취소했을지도 모른다

03 <u>Should the owner decide / to sell the car</u>, // it would be in the owner's best interest / to sell it / at the highest possible price.
= If the owner should decide to sell the car
만약 소유주가 결정한다면 / 차를 팔기로 // 소유주에게 가장 이익이 될 것이다 / 그것을 파는 것이 / 가능한 한 최고의 가격으로

---

6 **So V S / Neither [Nor] V S**

Self
Note

01 As the experience is repeated, // the level of arousal diminishes, // and so does pleasure.
경험이 반복되면 // 자극의 정도는 줄어들고 // 기쁨도 감소한다

02 In the 1860s, / the populations of Manhattan and Brooklyn / were rapidly increasing, / and so was the number of the commuters / between them.
1860년대에, / Manhattan and Brooklyn의 인구는 / 빠르게 증가하고 있는 중이었다 / 그리고 통근자들의 수도 빠르게 증가했다 / 그 두 곳 사이의

03 She / was not good at math, // nor did she seem to improved.
그녀는 / 수학에 서투르다 // 그리고 보이지도 않는다 / 향상되는 것처럼

6 원급 / 비교급 / 최상급

1 as 원급 as (모양＋해석)

① – as … as –

해석 ① (←) –만큼 …

② (→) … ＋ –만큼

$$- \text{as} \cdots \overset{②}{\underset{①}{|}} \text{s} -$$

② 부정어 ＋ as … as –

⇨ 부정어 ＋ <u>so</u> … as –

01 We are as dependent on water to drink as we are on air to breathe but we know far less about groundwater than we do about the weather.

우리는 숨쉬기 위해 공기에 의존하는 것처럼 마시기 위해 물에도 의존하지만 우리가 날씨에 대해 아는 것보다 지하수에 대해 아는 것이 훨씬 적다.

02 Being understood for what we are doing is not so crucial as being loved for who we are.

우리가 하는 일에 대해 이해받는 것은 우리가 누구인지를 사랑받는 것만큼 중요하지 않다.

2 비교급 (모양＋해석)

① –er than ~   ~보다 더 –

② more – than ~   ~보다 더 –

③ less – than ~   ~보다 덜 –

01 A blow with a word strikes deeper than a blow with a sword. [Robert Burton]

말 한 마디가 때리는 상처가 칼로 내는 상처보다 더 깊다.

02 It was more beautiful than I had imagined.

그것은 내가 상상했던 것보다 더 아름다웠다.

03 Several excuses are always less convincing than one. [Aldous Huxley]

여러 개의 변명은 하나의 변명보다 덜 설득적이다.

6 원급 / 비교급 / 최상급

1 as 원급 as (모양＋해석)

Self
Note

01 We are as dependent on water / to drink // as we are on air / to breathe // but we know far less / about groundwater / than we do about the weather.
우리는 물에 의존하는 것 만큼 / 마시기 위해 // 우리는 공기에 의존한다 / 숨쉬기 위해 // 그러나 우리는 훨씬 덜 알고 있다 / 지하수에 대해 / 우리가 날씨에 대해 아는 것보다

02 Being understood // for what we are doing / is not so crucial / as being loved // for who we are.
이해받는 것은 // 우리가 하는 일에 대해 / 중요하지 않다 / 우리가 사랑받는 것만큼 // 우리가 누구인지를

2 비교급 (모양＋해석)

Self
Note

01 A blow with a word / strikes deeper / than a blow with a sword.
말 한 마디의 상처가 / 더 깊다 / 칼로 내는 상처보다

02 It was more beautiful / than I had imagined.
그것은 더 아름다웠다 / 내가 상상했던 것보다

03 Several excuses / are always less convincing / than one.
여러 개의 변명은 / 항상 덜 설득적이다 / 하나의 변명보다

❸ 최상급 (모양+해석)

the −est   + in 단수N

the most −   + of (all 복수N / any 단수N) $_3C_1$ '가장 …한/하게'

                    + that have p.p

01 Diamond is the most precious of all jewels.
다이아몬드는 모든 보석 중에서 가장 귀한 것이다.

02 He is the most handsome boy in my class.
그는 우리 반에서 가장 잘생긴 소년이다.

03 This is the finest music that I have ever heard.
이것은 내가 들어본 것 중 가장 훌륭한 음악이다.

❹ not so much A as B

not so much A as B

= not A so much as B   A라기보다는 B

= B rather than A

01 Happiness relies, not so much on circumstances, as on one's way of looking at one's lot.
행복은 환경보다는 사람이 자신의 운명을 바라보는 방식에 의존한다.

❺ The + 비교급, the + 비교급

① 모양 The + 비교급 S V , the + 비교급 S' V'.   ⇨ ①할수록 ②하다.
           ①   ②

② [해석 Point] ⇨ ① : 원인

               ② : 결과

01 The more we understand what is happening in the world, the more frustrated we often become, for our knowledge leads to feelings of powerlessness.
우리가 세상에서 일어나는 일을 더 많이 이해할수록, 우리는 종종 더 좌절하게 되는데, 왜냐하면 우리의 지식이 무력감으로 이끌기 때문이다.

3 최상급 (모양+해석)

01 Diamond / is the most precious / of all jewels.
다이아몬드는 / 가장 귀한 것이다 / 모든 보석 중에서

02 He / is the most handsome boy / in my class.
그는 / 가장 잘생긴 소년이다 / 우리 반에서

03 This / is the finest music [that I have ever heard.]
이것은 / 가장 훌륭한 음악이다 [내가 들어본 것 중]

4 not so much A as B

01 Happiness relies, / not so much on circumstances, / as on one's way of looking at one's lot.
행복은 의존한다 / 환경보다는 / 자신의 운명을 바라보는 방식에

5 The + 비교급, the + 비교급

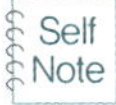

01 The more we understand // what is happening in the world, / the more frustrated // we often become, // for our knowledge leads / to feelings of powerlessness.
우리가 더 많이 이해할수록 // 세상에 일어나는 일을 / 더 많이 좌절한다 // 우리는 종종 된다 // 왜냐하면 우리의 지식이 이끌기 때문이다 / 무력감으로

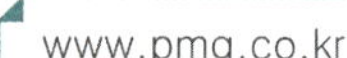

6 비교급 and 비교급

⇨ 점점 더 … 한/하게

01 The price of buying a new smart-phone is getting higher and higher.
새 스마트폰을 사는 가격이 점점 더 오르고 있다.

7 비교급 강조 6

01 Beauty is a far greater recommendation than any letter of introduction. [Aristotle]
아름다움은 어떤 소개장보다 훨씬 더 훌륭한 추천서다.

8 no 비교급 than

⇨ as 반대 원급 as

01 DY is no taller than Tom. = DY is as short as Tom.
DY는 Tom만큼 키가 작다.

02 You are no better at remembering things than I am. = You are as poor at remembering things as I am.
너는 나만큼 기억력이 나쁘다.

> **6** 비교급 and 비교급

01 The price / of buying a new smart-phone / is getting higher and higher.
가격이 / 새 스마트폰을 사는 / 점점 더 오르고 있다

> **7** 비교급 강조 6

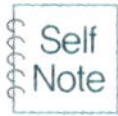

01 Beauty / is a far greater recommendation / than any letter of introduction.
아름다움은 / 훨씬 더 훌륭한 추천서다 / 어떤 소개장보다

> **8** no 비교급 than

01 DY / is no taller than / Tom. = DY / is as short as / Tom.
DY는 / 키가 작다 / Tom만큼

02 You / are no better at remembering things / than I am. = You / are as poor at remembering things / as I am.
너는 / 기억력이 나쁘다 / 나만큼

9 no / not more / less than

no more than	⇨	only '단지 ~만'
no less than	⇨	as many / much as '~만큼이나'
not more than	⇨	at most '기껏해야'
not less than	⇨	at least '적어도'

01 My office is no more than ten minutes' walk from my house.
내 사무실은 집에서 걸어서 10분밖에 안 걸린다.

02 Because I love reading comic books, I have no less than about 1000 comic books.
나는 만화책 읽는 것을 좋아하기 때문에 대략 1000권만큼이나 많은 만화책을 가지고 있다.

03 There were not more than 5 people at the meeting.
그 회의에는 기껏해야 5명의 사람들이 있었다.

04 The candidates for president of this country must collect not less than 100,000 signatures for registration.
이 나라의 대통령 후보자들은 등록을 위해 적어도 10만 개 이상의 서명을 받아야 한다.

9 no / not more / less than

Self
Note

01 My office / is no more than ten minutes' walk / from my house.
내 사무실은 / 걸어서 10분밖에 안 걸린다 / 집에서

02 Because I love / reading comic books, // I have / no less than about 1000 comic books.
나는 좋아하기 때문에 / 만화책 읽는 것을 // 나는 가지고 있다 / 대략 1000권만큼의 만화책을

03 There were not more than 5 people / at the meeting.
기껏해야 5명의 사람들이 있었다 / 그 회의에는

04 The candidates / for president of this country / must collect / not less than 100,000 signatures / for registration.
후보자들은 / 이 나라의 대통령이 되고픈 / 받아야만 한다 / 적어도 10만 개 이상의 서명을 / 등록을 위해서

CHAPTER 06

10 최상급 의미 – 표현s

① 부정어 as … as –

② 부정어 비교급 than –

③ – 비교급 than any other 단수N

(– 비교급 than all the other 복수N)

01 The Everest is the highest mountain in the world.
에베레스트는 세상에서 가장 높은 산이다.
= No mountain is as high as the Everest in the world.
= No mountain is higher than the Everest in the world.
= The Everest is higher than ⌠ any other mountain in the world.
⌡ all the other mountains in the world.

02 Do not be embarrassed by your mistakes. Nothing can teach us better than our understanding of them. [Thomas Carlyle]
너의 실수에 당황하지 마라. 우리가 그것들을 이해하는 것보다 우리를 더 잘 가르치는 것은 없다.

03 Lisa is a better liar than any other student I have ever had.
Lisa는 내가 여태껏 가르쳤던 다른 어떤 학생들보다 더 훌륭한 거짓말쟁이다.

04 Nothing destroys a team so quickly as inaccurate passing. Nothing builds a team's confidence more rapidly than accurate passing. [Charles Hughes]
부정확한 패스만큼 더 빨리 팀을 파괴하는 것은 없다. 정확한 패스보다 더 급격하게 팀의 자신감을 높이는 것은 없다.

⑩ 최상급 의미 – 표현s

01 The Everest / is the highest mountain / in the world.
에베레스트는 / 가장 높은 산이다 / 이 세상에서

02 Do not be embarrassed / by your mistakes. // Nothing can teach us better / than our understanding of them.
당황하지 마라 / 너의 실수에 // 우리를 더 잘 가르치는 것은 없다 / 우리가 그것들을 이해하는 것보다

03 Lisa is a better liar / than any other student [I have ever had.]
Lisa는 더 훌륭한 거짓말쟁이다 / 다른 어떤 학생들보다 [내가 여태껏 가르쳤던]

04 Nothing destroys a team / so quickly / as inaccurate passing. // Nothing builds a team's confidence / more rapidly / than accurate passing.
팀을 파괴하는 것은 없다 / 더 빨리 / 부정확한 패스만큼 // 팀의 자신감을 높이는 것은 없다 / 더 급격하게 / 정확한 패스보다

11 ~보다 n배 …

① n times as … as ~   ~보다 n배 …

② n times 비교급 than ~   ~보다 n배 …

cf) ① 2배: twice, double

② $\dfrac{n}{m}$ times / (분수 표현 가능)

01 Many new bicycle paths were made, and today there are twice as many bicycles as cars in the city.

많은 새로운 자전거 도로들이 만들어졌고, 오늘날 도시에는 자동차보다 자전거가 두 배 더 많다.

02 A space shuttle could help us in many ways in the future. It could help make a giant telescope. We could then see seven times further into space than now.

우주 왕복선은 미래에 많은 방법으로 우리를 도울 수 있다. 그것은 거대한 망원경을 만드는 데 도움을 줄 수 있다. 그리고 나서 우리는 지금보다 7배나 더 심도있게 우주를 볼 수 있다.

12 A no more B than C D

= A not B any more than C D

⇨ C가 D가 아닌 것처럼 A도 B가 아니다. (양자부정)

01 A whale is no more a fish than a horse is (a fish).

말이 어류가 아닌 것처럼 고래도 어류가 아니다.

02 She didn't like the term Native American any more than my mother did.

나의 어머니가 싫어하시는 것처럼 그녀도 Native American이라는 용어를 싫어한다.

03 Thinking is a natural thing, just as natural as breathing or nutrition, which indicates one no more learns to think than he learns to breathe.

사고란 숨쉬기 또는 영양분만큼 자연스러운 것이다. 이것이 인간이 숨 쉬는 법을 배우지 않는 것처럼 생각하는 법을 배우지 않는다는 것을 가르쳐 준다.

11 −보다 n배 …

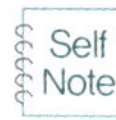

01 Many new bicycle paths were made, // and today there are twice as many bicycles as cars / in the city.
많은 새로운 자전거 도로들이 만들어졌고 // 오늘날 자동차보다 두 배 많은 자전거가 있다 / 도시에는

02 A space shuttle / could help us / in many ways / in the future. // It could help / make a giant telescope. // We could then see / seven times further / into space / than now.
우주 왕복선은 / 우리를 도울 수 있다 / 많은 방법으로 / 미래에 // 그것은 도울 수 있다 / 거대한 망원경을 만드는 데 // 그러고 나서 우리는 볼 수 있다 / 7배나 더 심도있게 / 우주를 / 지금보다

12 A no more B than C D

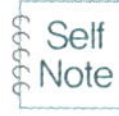

01 A whale is no more a fish // than a horse is (a fish).
고래도 어류가 아니다 // 말이 어류가 아닌 것처럼

02 She didn't like the term Native American / any more than my mother did.
그녀도 Native American이라는 용어를 싫어한다 // 우리 어머니가 그 용어를 싫어하는 것처럼

03 Thinking is a natural thing, // just as natural as breathing or nutrition, [which indicates // one no more learns / to think // than he learns / to breathe.
사고란 자연스러운 것이다 // 숨쉬기 또는 영양분만큼, [가르쳐 준다 // 인간이 배우지 않는 것처럼 / 생각하는 법을 // 인간이 배우지 않는 것처럼 / 숨쉬는 것을]

7 부정표현

01 Such a cute girl is rarely to be met with.

이렇게 귀여운 소녀는 좀처럼 만날 수 없다.

> * −ly 부정어   rarely '거의 ~하지 않는'
> hardly
> scarcely
> barely

02 Nothing is there more friendly to a man than a friend in need.

어떤 사람에게 어려움에 처했을 때의 친구보다 더 다정한 것은 없다.

> * **nothing** '아무것도 아닌(것)'

03 She seldom drinks coffee at night.

그녀는 밤에 커피를 좀처럼 마시지 않는다.

> * **seldom** '좀처럼 ~하지 않는'

04 Dream no small dreams for they have no power to move the hearts of men.

작은 꿈을 꾸지 마라. 왜냐하면 그들은 사람의 마음을 움직일 힘이 없기 때문이다.

> * **no** 'V(동사)부정' → 동사 하지 않다.

05 It is no longer acceptable to say that people of other races, women, or the handicapped don't count. It is also not acceptable to say that animals don't count.

다른 인종, 여성, 또는 장애인들이 중요하지 않다고 말하는 것은 더 이상 받아들여질 수 없다. 동물들이 중요하지 않다고 말하는 것 또한 받아들여질 수 없다.

> * **no longer** '더 이상 ~이 아닌'

7 부정표현

01 Such a cute girl / is rarely to be met with.
이렇게 귀여운 소녀는 / 좀처럼 만날 수 없다.

Self Note

02 Nothing is there more friendly / to a man / than a friend / in need.
더 다정한 것은 없다 / 사람에게 / 친구보다 / 어려움에 처했을 때

Self Note

03 She seldom drinks / coffee / at night.
그녀는 좀처럼 마시지 않는다 / 커피를 / 밤에

Self Note

04 Dream no small dreams / for they have no power / to move the hearts of men.
작은 꿈을 꾸지 마라 / 왜냐하면 그들은 힘이 없기 때문이다 / 사람의 마음을 움직일

Self Note

05 It is no longer acceptable / to say // that people of other races, women, or the handicapped / don't count. // It is also not acceptable / to say // that animals don't count.
더 이상 받아들여질 수 없다 / 말하는 것은 / 다른 인종, 여성, 또는 장애인들이 / 중요하지 않다고 // 그것은 또한 받아들여질 수 없다 / 말하는 것이 // 동물들이 중요하지 않고

Self Note

06 There is little hope for success in this situation.

이 상황에서는 성공할 가망이 거의 없다.

* little '거의 ~아닌(없는)'

07 There are perhaps no regions in the world, however high, deep, cold, or barren they are, that are free from the effect of humankind.

아무리 그 곳들이 높거나, 깊거나, 춥거나, 불모지라고 할지라도 이 세상에 인류의 영향에서 자유로운 지역은 아마 없을 것이다.

* free '~이 없는'

08 He is the last man to tell a lie. = He never tells a lie.

그는 결코 거짓말을 할 수 없는 사람이다.

* the last N to V = never V

09 If you have yet to hear about Twitter, I might ask you if you have been living in the outback.

아직 트위터에 대해 들어본 적이 없다면, 나는 네가 오지에 살고 있는지 물어볼지도 모른다.

* have yet to V '아직 ~하지 않다'

10 Achieving the developmental objectives in these areas is by no means an easy task.

이러한 분야에서 개발 목표를 달성하는 것은 결코 쉬운 일이 아니다.

* by no means '결코 ~이 아닌'

11 It's not unfair that people who exert more effort to a project should receive more advantage from it.

프로젝트에 더 많은 노력을 기울이는 사람들이 그것으로부터 더 많은 이익을 얻어야 한다는 것은 정당하다.

* 근거리 이중 부정 ⇒ '긍정'으로 해석

06 There is little hope / for success / in this situation.

가망이 거의 없다 / 성공할 / 이 상황에서

> Self
> Note

07 There are perhaps no regions / in the world, // however high, deep, cold, or barren they are, [that are free / from the effect of humankind.]

그러한 지역들은 없을 것이다 / 세계에서 // 아무리 높거나, 깊거나, 춥거나, 불모지라고 할지라도 [지역들이 자유로운 / 인류의 영향에서]

> Self
> Note

08 He is the last man / to tell a lie. = He never tells a lie.

그는 가장 마지막의 사람이다 / 거짓말을 할 = 그는 절대 거짓말을 하지 않는다

> Self
> Note

09 If you have yet to hear / about Twitter, // I / might ask you // if you have been living / in the outback.

아직 들어본 적이 없다면 / 트위터에 대해 // 나는 / 아마 너에게 물어볼지도 모른다 // 네가 살고 있는지 / 오지에

> Self
> Note

10 Achieving the developmental objectives / in these areas / is by no means an easy task.

개발 목표를 달성하는 것은 / 이러한 분야에서 / 결코 쉬운 일이 아니다

> Self
> Note

11 It's not unfair // that people [who exert more effort to a project] / should receive more advantage / from it.

정당하다 // 사람들이 [프로젝트에 더 많은 노력을 기울이는] / 더 많은 이익을 얻어야 한다 / 그것으로부터

> Self
> Note

12 In my hometown, nobody would buy a melon without feeling it and smelling it; and nobody would dream of buying a chicken without knowing which farm it came from and what it ate.
내 고향에서는 아무도 감촉도 냄새도 맡지 않고 멜론를 사지 않을 것이다; 그리고 어느 농장에서 왔는지 무엇을 먹었는지도 모른 채 닭을 살 생각을 하지 않을 것이다.

> * 원거리 이중 부정 : 부정어 A without B   B하지 않고 A하지 않다
> A하면 반드시 B하다

13 Because there are variations among students in their school performance and in their potential to excel academically, not all students seek the same course of academic training.
학생들 사이에서 학교 성적과 학문적으로 뛰어날 가능성(학업성취도)에서 차이가 있기 때문에 모든 학생들이 같은 교과과정을 원하는 것은 아니다.

> * 부분 부정 : not + always / necessarily / both / every / all / entirely
> '항상 / 반드시 / 둘다 / 모두가 / 모든~이 / 완전히 ~인 것은 아니다.'

14 The Constitution is not an instrument for the government to restrain the people; it is an instrument for the people to restrain the government — lest it come to dominate our lives and interests. [Patrick Henry]
헌법은 정부가 국민을 탄압하는 수단이 아니다; 헌법은 정부가 우리의 삶과 이익을 지배하지 않도록 국민이 정부를 제지하는 수단이다.

> * lest S (should) V '~하지 않도록'

15 The hijacker refused to release his hostages unless certain conditions were met.
그 납치범은 특정한 조건들이 충족되어지지 않으면 인질들을 풀어 주는 것을 거부했다.

> * unless S V '~하지 않는다면'

12 In my hometown, // nobody would buy a melon / without feeling it and smelling it; // and nobody would dream / of buying a chicken / without knowing // which farm it came from / and what it ate.

내 고향에서 // 아무도 멜론을 사지 않을 것이다 / 감촉도 냄새도 맡지 않고 // 그리고 아무도 생각하지 않을 것이다 // 닭을 사는 것을 / 알지 못한 채로 // 어느 농장에서 왔는지 / 무엇을 먹었는지

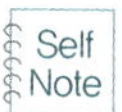

13 Because there are variations / among students / in their school performance / and in their potential / to excel academically, // not all students seek / the same course of academic training.

차이가 있기 때문에 / 학생들 사이에서 / 그들의 학교 성적과 / 그들의 가능성에서 / 학문적으로 뛰어날 // 모든 학생들이 원하지 않는다 / 같은 교과과정을

14 The Constitution / is not an instrument / for the government / to restrain the people; // it is an instrument / for the people / to restrain the government — // lest it come to dominate / our lives and interests.

헌법은 / 수단이 아니다 / 정부가 / 국민을 탄압하는 / 그것은 수단이다 / 사람들이 / 정부를 제지하는 // 정부가 지배하지 않도록 / 우리의 삶과 이익을

15 The hijacker / refused / to release his hostages // unless certain conditions were met.

그 납치범은 / 거부했다 / 인질들을 풀어주는 것을 // 특정한 조건들이 충족되지 않는다면

장대영 영어
Graphic 구문

박문각

Sense

1 문장 앞 발견

1 문장 앞 -ing

① -ing -, S V -.
⇨ (-ing) -, S V -. [분사구문]
  V - 능동으로 해석 '~했다.'

② -ing - V -.
⇨ (-ing) - V -. [주어 '-것']
  S

③ -ing - V S -.
⇨ (-ing) - V S -. [도치]
  S. C

cf) -ing N V -. ⇨ -ing N V -.
  '~하는 N'

01 Bothering to translate everything into their native language, poor readers look up every unfamiliar word in the dictionary.
모든 것을 모국어로 번역하려고 애를 썼다. 미흡한 독자들은 사전에서 모든 생소한 단어를 찾는다.

02 Ignoring climate change will be the most costly of all possible choices, for us and our children. [Peter Ewins, British Meteorological Office]
기후 변화를 무시하는 것은 우리와 우리 아이들을 위해 가능한 모든 선택들 중에서 가장 비용이 많이 들 것이다.

03 Lurking beneath New Zealand is a long-hidden continent called Zealandia, geologists say.
지질학자들이 말하기를 Zealandia라고 불리는 오랜 기간 감추어져 있던 대륙이 뉴질랜드 아래에 숨어 있다.

cf) Moving flowers by the wind mean that spring has come.
바람에 의해 흔들리는 꽃들은 봄이 왔다는 것을 의미한다.

1 문장 앞 발견

1 문장 앞 –ing

Self
Note

01 Bothering / to translate everything / into their native language, // poor readers / look up / every unfamiliar word / in the dictionary.
애를 쓰면서 / 모든 것을 번역하려고 / 모국어로 // 미흡한 독자들은 / 찾는다 / 모든 생소한 단어를 / 사전에서

02 Ignoring climate change / will be the most costly / of all possible choices, / for us and our children.
기후 변화를 무시하는 것은 / 가장 비용이 많이 들 것이다 / 모든 선택들 중에서 / 우리와 우리 아이들을 위해

03 Lurking / beneath New Zealand / is a long-hidden continent / called Zealandia, / geologists say.
숨어있는 / 뉴질랜드 아래에 / 오랜 기간 감추어져 있던 대륙이 / Zealandia라고 불리는 / 지질학자들이 말하기를

cf) Moving flowers / by the wind / mean // that spring has come.
흔들리는 꽃들은 / 바람에 의해 / 의미한다 // 봄이 왔다는 것을

2 문장 앞 p.p

① p.p −, S V −.

⇨ (p.p) −, S V −. [분사구문]
　V - 수동 '~되어지다, 당하다, 받다'

② (p.p) − V S −. [도치]

cf) p.p N V −. ⇨ p.p N V −.

'~ 되어진 / 당하는 / 받는 N'

---

01 Man has always liked to move around, it seems. Driven by the need for better lands or locations, he has been a traveler from his earliest times.

인간은 항상 이리저리 움직이는 것을 좋아해 왔고, 그렇게 보였다. 더 나은 토지나 장소에 대한 욕구가 생겼다. 그는 아주 어릴 때부터 여행자였다.

02 Nestled in the atmosphere are clouds of liquid water and ice crystals.

액체 상태의 물과 얼음 결정체들로 구성된 구름들이 대기 안에 자리잡고 있다.

cf) Used paper can be recycled.

사용된 종이는 재활용될 수 있다.

❷ 문장 앞 p.p

01 Man / has always liked / to move around, // it seems. // Driven / by the need / for better lands or locations, // he has been a traveler / from his earliest times.

인간은 / 항상 좋아해 왔다 / 이리저리 움직이는 것을 // 그렇게 보였다 // 이끌렸기에 / 욕구에 의해 / 더 나은 토지나 장소에 대한 // 그는 여행자였다 / 아주 어릴 때부터

02 Nestled / in the atmosphere / are clouds / of liquid water / and ice crystals.

자리잡혀진 / 대기 안에 / 구름들이다 / 액체 상태의 물과 / 얼음 결정체들로 구성된

cf) Used paper can be recycled.

사용된 종이는 재활용될 수 있다

3 문장 앞 To V

① To V −, S V −.

⇨ <u>To V −</u>, S V −. [−하기 위하여]
In order to V

② To V − V −.

⇨ (To V)− V −. [주어 '−것']
S

cf) <u>To V −</u>, S V −. ⇨ [−한다면]
If

01 To keep a pleasant working environment, employers cannot allow certain kinds of behaviors such as arriving late or bothering others.
쾌적한 근로 환경을 유지하기 위해서 고용주들은 늦게 출근하거나 다른 사람을 괴롭히는 행동과 같은 특정 행동들을 허용할 수 없다.

02 To know how to suggest is the great art of teaching. To attain it we must be able to guess what will interest.
제안하는 방법을 아는 것은 가르침의 훌륭한 기술이다. 그것을 이루기 위해서 우리는 무엇이 흥미로울지 추측할 수 있어야 한다.

03 To say that today's young people are all selfish is a hasty generalization.
오늘날의 젊은이들이 모두 이기적이라고 말하는 것은 성급한 일반화다.

cf) To join the army, I'd be glad.
군대에 가게 되면, 나는 기쁠 것이다.

3 문장 앞 To V

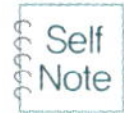

01 To keep / a pleasant working environment, // employers cannot allow / certain kinds of behaviors / such as arriving late / or bothering others.

유지하기 위해서 / 쾌적한 근로 환경을 // 고용주들은 허용할 수 없다 / 특정한 종류의 행동을 / 늦게 출근하거나 / 다른 사람을 괴롭히는 것과 같은

02 To know / how to suggest / is the great art of teaching. // To attain it / we must be able to guess / what will interest.

아는 것은 / 어떻게 제안해야 할지 / 가르침의 훌륭한 기술이다 // 그것을 이루기 위해 // 우리는 추측할 수 있어야만 한다 / 무엇이 흥미로울지

03 To say // that today's young people / are all selfish / is a hasty generalization.

말하는 것은 // 오늘날의 젊은이들이 / 모두 이기적이라고 / 성급한 일반화다

cf) To join the army, // I'd be glad.

군대에 가게 되면, // 나는 기쁠 것이다

4 문장 앞 That

① That － V －.

⇨ <u>That</u> － V －. [대명사]
   S

② That N － V －.

⇨ That N － V －. [지시형용사]
    S

③ That Ⓢ Ⓥ － V －.

⇨ [That Ⓢ Ⓥ －] V －. [주어 '－것'] ＋ 2번째 V앞 끊기
      S

01 That looks riper than this.
그것은 이것보다 더 잘 익은 것처럼 보인다.

02 That incident made me what I am.
그 사건은 나를 있는 그대로의 나로 만들어 주었다.

03 That he seldom calls you means he no longer loves you.
그가 너에게 좀처럼 전화를 하지 않는 것은 그가 더 이상 너를 사랑하지 않는다는 것을 의미한다.

04 That she did not receive a proper education is a pity.
그녀가 적절한 교육을 받지 못했다는 것은 유감이다.

4 문장 앞 That

01 That looks riper / than this.
그것은 잘 익은 것처럼 보인다 / 이것보다

02 That incident / made / me / what I am.
그 사건은 / 만들었다 / 나를 / 있는 그대로의 나로

03 That he seldom calls you / means(문장의 동사) // he no longer loves you.
그가 너에게 좀처럼 전화하지 않는 것은 / 의미한다 // 그가 더 이상 너를 사랑하지 않는다는 것을

04 That she did not receive / a proper education / is(문장의 동사) a pity.
그녀가 받지 못했다는 것은 / 적절한 교육을 / 유감이다

5 문장 앞 What

① What V S − ?

⇨ 의문사 what [의문사 '무엇']

② What (Ⓢ) Ⓥ V −.

⇨ [What (Ⓢ) Ⓥ] V −. [주어 '−것'] + 2번째 V앞 끊기
        S

01 What is your name?
이름이 뭐니?

02 What kinds of music do you like?
너는 어떤 종류의 음악을 좋아하니?

03 What a man may pray for is a miracle. Every prayer reduces itself to this: Great God, grant that twice two be not four. [Poems in Prose "Prayer"]
인간이 기도하는 이유는 기적을 바라기 때문이다. 모든 기도의 핵심은 다음과 같다: 신이시여, 둘 곱하기 둘이 넷이 되지 않게 하소서.

04 What is learned in the cradle is carried to the grave.
세 살 버릇 여든까지 간다. (요람에서 배워진 것이 무덤까지 옮겨진다.)

5 문장 앞 What

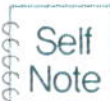

01 What is your name?
이름이 뭐니?

02 What kinds of music / do you like?
어떤 종류의 음악을 / 너는 좋아하니?

03 What a man may pray for / is(문장의 동사) a miracle. // Every prayer reduces itself to this:
// Great God, /grant that twice two / be not four.
인간이 기도하는 이유는 / 기적을 바라기 때문이다 // 모든 기도의 핵심은 다음과 같다 // 신이시여, / 둘 곱하기 둘이 / 넷이 되지
않게 하소서

04 What is learned / in the cradle / is carried(문장의 동사) to the grave.
배워진 것 / 요람에서 / 무덤까지 옮겨진다.

6 문장 앞 – ever

① –ever ⑤ ⓥ –, S V –.

⇨ 양보절 [양보절 접속사 '–이든지 간에']

② [–ever ⑤ ⓥ –] V –.
   S

⇨ 명사절 [주어 '이든지 간에'] + 2번째 V앞 끊기

01 Wherever you are on the planet, your GPS receiver can tell you your exact location.
당신이 지구 어디에 있든지 간에, 당신의 GPS 수신기는 당신에게 당신의 정확한 위치를 알려줄 수 있다.

02 Whatever he says, don't open your door to a stranger.
그가 무슨 말을 하든지 간에, 낯선 사람에게 문을 열어주지 마라.

03 Whatever you do is fine with me.
당신이 무엇을 하든지 간에 나에게는 좋은 일이다.

04 Whoever wins the race will get the prize.
경기에서 이기는 누구든지 간에 그 상을 타게 될 것이다.

7 문장 앞 Whether

① Whether ⑤ ⓥ –, S V –.

⇨ 양보절 [양보절 접속사 '–이든지 아니든지 간에']

② [Whether ⑤ ⓥ –] V –.
   S

⇨ 명사절 [주어 '–인지 아닌지 (여부)'] + 2번째 V앞 끊기

01 Whether it is sunny or rainy, she said she would go out with him.
화창하든 비가 오든, 그녀는 그와 함께 외출할 것이라고 말했다.

02 Whether or not we are likely to get various diseases depends on how well our immune systems works.
우리가 다양한 질병에 걸릴 가능성이 있는지 없는지는 우리의 면역 체계가 얼마나 잘 작동하는지에 달려 있다.

6 문장 앞 – ever

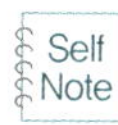

01 Wherever you are on the planet, // your GPS receiver / can tell you / your exact location.
당신이 지구 어디에 있든지 간에, // 당신의 GPS 수신기는 / 당신에게 알려줄 수 있다 / 당신의 정확한 위치를

02 Whatever he says, // don't open your door / to a stranger.
그가 무슨 말을 하든지 간에, // 문을 열어주지 마라 / 낯선 사람에게

03 Whatever you do / is(문장의 동사) fine with me.
당신이 무엇을 하든지 간에 / 나에게는 좋은 일이다.

04 Whoever wins the race / will get(문장의 동사) the prize.
경기에서 이기는 누구든지 간에 / 그 상을 타게 될 것이다.

7 문장 앞 Whether

01 Whether it is sunny or rainy, // she said // she would go out with him.
화창하든 비가 오든 // 그녀는 말했다 // 그와 함께 외출할 것이라고

02 Whether or not we are likely to get various diseases / depends on(문장의 동사) // how well our immune systems works.
우리가 다양한 질병에 걸릴 가능성이 있는지 없는지는 / 달려 있다 / 얼마나 우리의 면역 체계가 잘 작동하는지에

2 | To V 해석 Best 3

1 To V – 해석 Best 3

① ~하기 위하여   / to V

② ~하는, ~할   N toV

③ ~하는 것   To V – S.O.C 자리

---

01 To call a person a pig is a serious insult in almost every language.
사람을 돼지라고 부르는 것은 거의 모든 언어에서 심각한 모욕이다.

02 The thief took all my money, for I forgot to lock the door.
내가 문을 잠그는 것을 잊어버렸기 때문에 도둑이 내 돈을 모두 가져갔다.

03 The best way to focus on your goals is to write them down.
목표에 집중하는 가장 좋은 방법은 목표를 적어 두는 것이다.

04 We made efforts to preserve wilderness for generations to come.
우리는 다가올 세대를 위해 황무지를 보존하기 위해 노력하였다.

05 She got a part-time job at the restaurant to save money for next trip.
그녀는 다음 여행을 위해 돈을 모으기 위해서 레스토랑에서 아르바이트를 했다.

06 To succeed in any field, you must do your best in that field.
어떤 분야에서든 성공하기 위해 그 분야에서 최선을 다해야 한다.

2 | To V 해석 Best 3

1 To V – 해석 Best 3

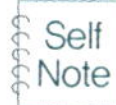

01 To call a person a pig / is a serious insult / in almost every language.

[To V - 주어 자리 '~것']

사람을 돼지라고 부르는 것은 / 심각한 모욕이다 / 거의 모든 언어에서

02 The thief / took all my money, // for I forgot / to lock the door. [To V - 목적어 자리 '~것']

도둑이 / 내 돈을 모두 가져갔다 // 왜냐하면 내가 잊어버렸기 때문이다 / 문을 잠그는 것을

03 The best way / to focus on your goals / is to write them down.   [To V - 명사 way 수식]

최고의 방법은 / 당신의 목표에 집중하는 / 그들을 적어두는 것이다

04 We made efforts / to preserve wilderness / for generations to come.

[To V - 명사 efforts, generations 수식]

우리는 노력하였다 / 황무지를 보존하기 위해 / 다가올 세대를 위해

05 She got / a part-time job / at the restaurant / to save money / for next trip.

[To V – '~하기 위하여']

그녀는 했다 / 아르바이트를 / 레스토랑에서 / 돈을 모으기 위해서 / 다음 여행을 위해

06 To succeed / in any field, // you must do your best / in that field. [To V – '~하기 위하여']

성공하기 위해 / 어떤 분야에서든 // 당신은 최선을 다해야 한다 / 그 분야에서

CHAPTER 07

3 | object 발견

① S V3 (<u>전치사구</u>) O

준V3 (<u>전치사구</u>) O

cf) 준V – 준동사 : to 부정사 / ing(현재분사 or 동명사) / p.p(과거분사)

* 3형식 동사나 3형식 동사의 준동사 뒤에 오는 목적어를 전치사구가 가리는 경우가 있다.

② S V3 (<u>that</u>) ⓢ ⓥ   ⇨ 목적절 'that' 생략

준V3 (<u>that</u>) ⓢ ⓥ   ⇨ 목적절 'that' 생략

* 3형식 동사나 3형식 동사의 준동사 뒤의 목적어 자리에 that절이 오는 경우, 명사절 접속사 that은 생략되는 경우가 있다.

01 The prosecutor revealed (to the jurors) that the murderer had killed the person.
검사는 (배심원들에게) 그 살인자가 그 사람을 죽였다고 밝혔다.

02 A key memory system in the brain is specifically structured to extract (from experience) unconscious rules that allow organisms to deal with the ever-changing world that surrounds them.
뇌의 핵심 기억 체계는 유기체가 (경험으로부터) 그들을 둘러싼 끊임없이 변화하는 세계를 다룰 수 있도록 하는 무의식적인 규칙을 도출하기 위해 특별히 구성되어 있다.

03 Like most mathematicians who think they have proved a new result, they wrote out their proof and sent it to many experts in the field.
그들이 새로운 결과를 증명했다고 생각하는 대부분의 수학자들처럼, 그들은 그들의 증명을 써서 그 분야의 많은 전문가들에게 보냈다.

04 To believe she is not guilty seems illogical to me.
그녀가 무죄라고 믿는 것은 나에게는 비논리적인 것 같다.

3 object 발견

01 The prosecutor / revealed (to the jurors) // that the murderer had killed the person (revealed의 목적어).
검사는 / 밝혔다 (배심원들에게) / 그 살인자가 그 사람을 죽였다고

02 A key memory system / in the brain / is specifically structured / to extract (from experience) / unconscious rules(to extract의 목적어) [that allow / organisms / to deal with the ever—changing world] [that surrounds them.]
핵심 기억 체계는 / 뇌 안에 있는 / 특별히 구성되어 있다 / 도출하기 위해 (경험으로부터) / 무의식적인 규칙들을 [그 규칙들은 허락한다 / 유기체가 / 끊임없이 변화하는 세계를 다룰 수 있도록] [그 세계는 그들을 둘러싸고 있다]

03 Like most mathematicians [who think // they have proved a new result(think의 목적어),] // they wrote out / their proof // and sent it / to many experts / in the field.
대부분의 수학자들처럼 [수학자들이 생각하기에 // 그들이 새로운 결과를 증명했다고] // 그들은 쓴다 / 그들의 증명을 // 그리고 그것을 보낸다 / 많은 전문가들에게 / 그 분야에 있어

04 To believe // she is not guilty(To believe의 목적어) / seems illogical / to me.
믿는 것은 / 그녀가 무죄라고 / 비논리적인 것 같았다 / 나에게는

1 특수 that절

01 She has an advantage over you in that she can speak French.

그녀는 프랑스어를 할 수 있다는 점에서 너보다 유리하다.

* in that S V ~라는 점에서

02 Now that I am here with you, you have nothing to worry about.

내가 너와 함께 있으니 너는 걱정할 것이 없다.

* now that S V ~이기 때문에

03 Given that she is interested in children, I'm sure teaching is right career for her.

그녀가 아이들에 관심이 있다는 것을 고려하면, 나는 가르치는 것이 그녀에게 맞는 직업이라고 확신한다.

* given that S V ~을 고려했을 때

04 Provided that the sample product is up to standard, we intend to place all of our future orders with you.

견본품이 표준에 부합한다면, 우리는 우리의 모든 향후 주문을 당신에게 할 생각이 있다.

* provided that S V ~한다면

05 I don't have much to tell you except that I am innocent.

내가 결백하다는 것 외에는 너에게 할 말이 별로 없다.

* except that S V ~을 제외하고

❶ 특수 that절

01 She has an advantage / over you // in that she can speak French.

그녀는 유리하다 / 너보다 // 그녀가 프랑스어를 할 수 있다는 점에서

> Self
> Note

02 Now that I am here with you, // you have nothing to worry about.

내가 너와 함께 있기 때문에 // 너는 걱정할 것이 없다

> Self
> Note

03 Given that she is interested in children, // I'm sure // teaching is right career for her.

그녀가 아이들에 관심이 있다는 것을 고려하면 // 나는 확신한다 // 가르치는 것이 그녀에게 맞는 직업이라고

> Self
> Note

04 Provided that the sample product is up to standard, // we intend to place / all of our future orders / with you.

견본품이 표준에 부합한다면, // 우리는 할 생각이 있다 / 모든 향후 주문을 / 당신에게

> Self
> Note

05 I don't have much to tell you // except that I am innocent.

나는 너에게 할 말이 별로 없다 // 내가 결백하다는 것 외에는

> Self
> Note

CHAPTER **07**

4 말장난

1 A of B

① A of B	(←)	A (of B)	'B의 A'
② A of B	(→)	A of B →	'A의 B'
③ A of B	(=) (←)	A of B =	'B라는 A'
④ A of B	(←)	A (of B) ↳ among	'B중에 A'

Of − = Among −

01 The cause of business failure is lack of capital.
사업 실패의 원인은 자본의 부족이다.

02 The majority of the people were against the bill.
대다수의 국민은 그 법안에 반대했다.

03 The question of whether madness led to the work of Van Gogh or not may be regarded as a valid one.
광기가 반 고흐의 작품으로 이어졌느냐 이어지지 않았느냐라는 질문은 유효한 것으로 여겨질 수 있다.

04 One of those desks is mine.
저 책상들 중 하나는 내 것이다.

05 Of the blind, the one-eyed is king.
장님들 중에서, 외눈인 사람이 왕이다.

4 말장난

1 A of B

Self
Note

01 The cause of business failure / is lack of capital.
사업 실패의 원인은 / 자본의 부족이다

02 The majority of the people / were against the bill.
대다수의 국민은 / 그 법안에 반대했다

03 The question // of whether madness led to the work of Van Gogh or not / may be regarded / as a valid one.
질문은 // 광기가 반 고흐의 작품으로 이어졌는지 아닌지 / 여겨질 수 있다 / 유효한 질문으로

04 One of those desks / is mine.
저 책상들 중 하나는 / 내 것이다

05 Of the blind, // the one-eyed is king.
장님들 중에서, // 외눈인 사람이 왕이다

2 A before B

① A before B   (←)   B하기 전 A
② A before B   (→)   A하고나서 B

01 Some children learn to add, subtract, multiply, and divide with beads before they are taught to use numerals.

(←) 몇몇 아이들은 숫자를 사용하는 법을 배우기 전에 구슬로 덧셈, 뺄셈, 곱셈, 나누기를 배운다.
or
(→) 몇몇 아이들은 구슬로 덧셈, 뺄셈, 곱셈, 나누기를 배우고 나서 숫자를 사용하는 법을 배운다.

3 not until

① not A until B   B할 때까지 A하지 않다(B하고 나서야 A하다)

② not until ~   ~가 되어서야 비로소

③ It be not until ~ that …   …인 것은 바로 ~가 되어서야 (비로소)

01 She did not show up until the Sunday service was held.
그녀는 일요일 예배가 열릴 때까지 나타나지 않았다.
= Not until the sunday service was held did she show up.
일요일 예배가 열리고 나서야 그녀가 나타났다.
= It was not until sunday service was held that she showed up.
그녀가 나타난 것은 바로 일요일 예배가 열리고 나서였다.

02 It was not until 1962 that the first communications satellite, Telstar, went up.
최초의 통신 위성인 Telstar가 발사된 것은 바로 1962년이 되어서였다.

03 Although aluminum is the most abundant metal in the earth's crust, it was not until the 19th century that methods for large-scale extraction became profitable.
비록 알루미늄이 지각에서 가장 풍부한 금속이기는 하지만, 대량 추출방법을 통해 수익을 나게 한 것은 바로 19세기가 되어서였다.

04 It was not until the late-eighteenth century in England that agricultural development made it possible for more food to be grown to meet the needs of a growing population.
농업의 발달로 증가하는 인구의 욕구를 충족시키기 위해 더 많은 식량이 재배되는 것을 가능하게 한 것은 바로 영국에서 18세기 말이 되어서였다.

2 A before B

01 Some children / learn to add, subtract, multiply, and divide / with beads // before they are taught / to use numerals.
몇몇 아이들은 / 덧셈, 뺄셈, 곱셈, 나누기를 배운다 / 구슬로 // 그들이 배우기 전에 / 숫자를 사용하는 법을

3 not until

01 She did not show up // until the Sunday service was held.
그녀는 나타나지 않았다 // 일요일 예배가 열릴 때까지
= Not until the sunday service was held // did she show up.
일요일 예배가 열리고 나서야 // 그녀가 나타났다
= It was not until sunday service was held // that she showed up.
일요일 예배가 열리고 나서 // 그녀가 나타났다

02 It was not until 1962 // that the first communications satellite, Telstar, went up.
1962년이 되어서야 // 최초의 통신 위성, Telstar가 발사되었다

03 Although aluminum / is the most abundant metal / in the earth's crust, // it was not until the 19th century that // methods for large-scale extraction / became profitable.
비록 알루미늄이 / 가장 풍부한 금속이긴 하지만 / 지각에서 // 19세기가 되어서야 // 대량 추출방법을 통해 / 수익이 발생했다

04 It was not until the late-eighteenth century in England // that agricultural development / made it possible / for more food / to be grown / to meet / the needs of a growing population.
영국에서 18세기가 되어서야 // 농업의 발달이 / 가능하게 만들었다 / 더 많은 식량이 / 재배되는 것을 / 충족하기 위해서 / 증가하는 인구의 욕구를

4 수동태 → 능동으로 해석

01 I was born in 1982.

나는 1982년에 태어났다.

* S人 <u>be born</u> 태어나다

02 On arrival, I was told the history of the island by the tour guide.

도착하자마자 여행 가이드에게 그 섬의 역사를 들었다.

* S人 <u>be told</u> 듣다

03 Children must be taught the difference between right and wrong.

아이들은 옳고 그름의 차이를 배워야 한다.

* S人 <u>be taught</u> 배우다

04 She was given a fine due to the illegal parking.

그녀는 불법주차로 벌금을 받았다.

* S人 <u>be given</u> 받다

05 The boy was beaten and starved; he was a victim of child abuse.

그 소년은 구타당하고 굶주렸다: 그는 아동학대의 희생자였다.

* S人 <u>be beaten</u> 맞다

06 In Russia, men are outnumbered by women and it is very often stated that it is an issue of luck whether a woman finds a man or not.

러시아에서 남자보다 여자의 수가 더 많고, 여자가 남자를 찾을 수 있을지 없을지는 종종 행운의 문제라고 이야기된다.

* A outnumber B → B be outnumbered by A   'A 〉 B (수)' – A가 B보다 수가 많다.
    (수동)

❹ 수동태 → 능동으로 해석

01 I was born / in 1982.
나는 태어났다 / 1982년에

Self
Note

02 On arrival, / I was told / the history of the island / by the tour guide.
도착하자마자 / 나는 들었다 / 그 섬의 역사를 / 여행 가이드에게

Self
Note

03 Children / must be taught / the difference / between right and wrong.
아이들은 / 배워야 한다 / 차이를 / 옳고 그름간의

Self
Note

04 She / was given a fine / due to the illegal parking.
그녀는 / 벌금을 받았다 / 불법주차로

Self
Note

05 The boy / was beaten and starved; // he was a victim / of child abuse.
그 소년은 / 구타당하고 굶주렸다 // 그는 희생자였다 / 아동학대의

Self
Note

06 In Russia, // men are outnumbered by women // and it is very often stated // that it is an issue of luck // whether a woman finds a man or not.
러시아에서 // 남자보다 여자의 수가 더 많고 // 종종 이야기된다 // 행운의 문제라고 // 여자가 남자를 찾을 수 있을지 없을지는

Self
Note

5 삽입

1 , , / ── → , , 의 형태와 ── ──의 형태는 삽입된 형태로 앞부분에 대한 부연 설명이다.

01 Interpersonal skills, which are used when we communicate with others, help us establish and maintain relationships.
우리가 다른 사람들과 의사소통할 때 사용되는 대인관계 기술은 우리가 관계를 맺고 유지하는 데 도움을 준다.

02 Furthermore, some industry practices ── such as the aggressive marketing of credit cards to teenagers ── have themselves become public issues.
게다가, 청소년들에 대한 신용카드의 공격적인 마케팅과 같은 일부 산업관행은 그들 스스로 공공의 문제가 되었다.

2 관계대명사절 속 삽입절

① 관계대명사절 속 삽입절 pattern 1

N   who, which   (S   V)   S'   V'
what   ↳ 삽입절

② 관계대명사절 속 삽입절 pattern 2

N   who, which   (S   V)   V'
what   ↳ 삽입절

* 앞에 있는 S V의 삽입절은 해석을 하지 않아도 된다.

01 We make up stories which we think are fascinating about ourselves.
우리는 우리가 생각하기에 우리 자신에게 매력적인 이야기를 만들어낸다.

02 Do what you believe is right.
네가 옳다고 믿는 일을 해라.

03 Some teachers taught to us the lessons which they believe humanities will teach.
일부 선생님들은 우리에게 인문학이 가르쳐줄 것이라고 그들이 믿고 있는 교훈을 가르쳐 주었다.

04 I will employ the young man who they say is a fluent speaker of English.
나는 그들이 말하기를 영어를 유창하게 하는 그 젊은 사람을 고용할 것이다.

5 삽입

1 , , / ― ― → , , 의 형태와 ― ―의 형태는 삽입된 형태로 앞부분에 대한 부연 설명이다.

01 Interpersonal skills, // which are used // when we communicate / with others, / help us / establish and maintain relationships.
대인관계 기술은 // 사용되는 // 우리가 의사소통할 때 / 다른 이들과 / 우리를 도와준다 / 관계를 맺고 유지하는 데

02 Furthermore, / some industry practices / ― such as the aggressive marketing of credit cards / to teenagers ― / have themselves / become public issues.
게다가 / 일부 산업관행은 / 예를 들어 신용카드의 공격적인 마케팅과 같은 / 청소년들에게 / 그들 스스로 / 공공의 문제가 되었다

2 관계대명사절 속 삽입절

Self
Note

01 We / make up stories // [which (we think) are fascinating about ourselves.]
우리는 / 이야기를 만들어낸다 // [(우리가 생각하기에) 우리 스스로가 매력적인]

02 Do / (what you believe) is right.
해라 / (네가 믿기에) 옳은 것을

03 Some teachers / taught / to us / the lessons // [which (they believe) humanities will teach.]
일부 선생님들은 / 가르쳐 주었다 / 우리에게 / 교훈을 // [(그들이 생각하기에) 인문학이 가르쳐 줄 것이라고]

04 I / will employ / the young man // [who (they say) is a fluent speaker of English.]
나는 / 고용할 것이다 / 그 젊은 사람을 // [(그들이 말하기를) 영어를 유창하게 하는]

6 To V etc

1 의문사 to V

① 해석 – '의문사'의 뜻 + to V의 'V'의 뜻

② 역할 – N역할 (S, O, C자리)

01 When I interviewed top people in major industries, I found that they knew how to relax and leave their work.

내가 주요 산업 분야의 최고의 자리에 오른 사람들을 인터뷰했을 때, 나는 그들이 휴식을 취하는 방법과 그들의 일을 중단하는 방법을 알고 있었다는 것을 발견했다.

2 In order to V

= So as to V

= To V

'~하기 위하여'

01 In order to know a man, you have only to travel with him for a week.

한 사람을 알기 위해서는, 당신은 그와 함께 일주일 동안 여행을 해보기만 하면 된다.

3 only to V

= but + 결과의 to V

'그러나 ~하다'

cf) only to V가 '꼭 ~하기 위하여'로 해석될 때도 있다.

01 He sat for the examination again the next year only to fail, to the disappointment of his parents.

그는 다음 번 시험을 위해 앉았으나 실패했다, 그의 부모님이 실망하게도.

cf) He studied hard only to pass the exam.

그는 꼭 시험에 합격하기 위하여 열심히 공부했다.

7   To V etc

1   의문사 to V

01 When I interviewed top people / in major industries, // I found // that they knew / how to relax and leave their work.

내가 최고의 자리에 오른 사람을 인터뷰 했을 때 / 주요 산업 분야의 // 나는 발견했다 // 그들이 알고 있었다는 것을 // 휴식을 취하는 방법과 그들의 일을 중단하는 방법을

2   In order to V

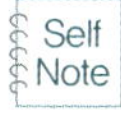

01 In order to know / a man, // you have only to travel / with him / for a week.

알기 위해서 / 한 사람을 // 너는 여행을 해보기만 하면 된다 / 그와 함께 / 일주일 동안

3   only to V

01 He sat / for the examination again the next year / only to fail, / to the disappointment of his parents.

그는 앉았다 / 다음 번 시험을 위해 / 그러나 실패했다 / 그의 부모님이 실망하게도

cf) He studied hard / only to pass the exam.

그는 열심히 공부했다 / 꼭 시험에 합격하기 위해서

4 too … to V

'너무 … 해서 ~할 수 없다'

01 I am either too self-centered or too reserved to be a confidential terms with anyone I know at all.

나는 너무 자기중심적이고 내성적이어서 조금이라도 내가 알고 있는 어떤 사람과도 비밀스러운 관계를 맺을 수 없다.

5 … enough to V

'~할 정도로 충분히 …'

01 When a tiger has become old and lost some of its teeth, it is no longer strong enough or quick enough to catch and kill the animals it likes to feed on.

호랑이가 나이가 들어서 이빨이 빠질 때, 그 호랑이는 더 이상 자신의 먹잇감인 동물들을 잡아서 죽일 정도로 충분히 강하거나 빠르지 않다.

4 too … to V

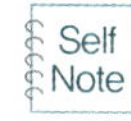

Self
Note

01 I am either too self-centered or too reserved / to be a confidential terms / with anyone [I know at all.]

나는 너무 자기중심적이고 내성적이어서 / 비밀스러운 관계를 맺을 수 없다 / 어떤 사람과도 [조금이라도 내가 알고 있는]

5 … enough to V

Self
Note

01 When a tiger has become old // and lost some of its teeth, // it is no longer strong enough or quick enough / to catch and kill the animals [it likes to feed on.]

호랑이가 나이가 들어서 / 이빨이 빠질 때 // 호랑이는 더 이상 충분히 강하거나 빠르지 않다 / 동물들을 잡아서 죽일 정도로 [호랑이가 먹이로 삼는]

장대영 영어
Graphic 구문

Appendix

불규칙 동사표

불규칙 동사표

불규칙 동사의 변화형

(1) A − A − A type

A − A − A type 기본 동사들 *−t

V − 원형 Ⓐ	V − 과거 Ⓐ	V − 과거분사 Ⓐ	V − (기본) 뜻
bet	bet	bet	내기하다
burst	burst	burst	터지다
cost	cost	cost	비용이 들다
cut	cut	cut	자르다
fit	fit	fit	꼭 맞다
hit	hit	hit	치다
hurt	hurt	hurt	다치게 하다
let	let	let	~하게 하다
put	put	put	놓다
read	read	read	읽다
set	set	set	놓다
shut	shut	shut	닫다
split	split	split	쪼개다
spread	spread	spread	펴다
upset	upset	upset	뒤엎다, 화나게 하다

(2) A − B − A type

A − B − A type 기본 동사들

V − 원형 Ⓐ	V − 과거 Ⓑ	V − 과거분사 Ⓐ	V − (기본) 뜻
become	became	become	되다
come	came	come	오다
run	ran	run	달리다

⑶ A － B － B type

A － B － B type 기본 동사들 * −t/d

V － 원형 Ⓐ	V － 과거 Ⓑ	V － 과거분사 Ⓑ	V － (기본) 뜻
bend	bent	bent	구부리다
bleed	bled	bled	피를 흘리다
bring	brought	brought	가져오다
build	built	built	세우다, 만들다
buy	bought	bought	사다
catch	caught	caught	잡다
creep	crept	crept	기다
keep	kept	kept	유지하다
lay	laid	laid	놓다, 눕히다
lead	led	led	이끌다
leave	left	left	떠나다
lend	lent	lent	빌려주다
lose	lost	lost	잃다
make	made	made	만들다
mean	meant	meant	뜻하다, 의미하다
meet	met	met	만나다, 충족시키다
pay	paid	paid	지불하다
say	said	said	말하다
seek	sought	sought	찾다, 추구하다
sell	sold	sold	팔다
send	sent	sent	보내다
shine	shone	shone	빛나다
shoot	shot	shot	쏘다
sit	sat	sat	앉다
sleep	slept	slept	자다
slide	slid	slid	미끄러지다
spend	spent	spent	소비하다, 지불하다
spin	spun	spun	돌다
stand	stood	stood	서 있다
stick	stuck	stuck	붙이다
sting	stung	stung	찌르다

strike	struck	struck	치다
sweep	swept	swept	쓸다
teach	taught	taught	가르치다
tell	told	told	말하다
think	thought	thought	생각하다
understand	understood	understood	이해하다
weep	wept	wept	울다
win	won	won	이기다
wind	wound	wound	감다
wring	wrung	wrung	쥐어짜다

⑷ A – B – C type

A – B – C type 기본 동사들

V – 원형 Ⓐ	V – 과거 Ⓑ	V – 과거분사 Ⓒ	V – (기본) 뜻
awake	awoke	awaken	깨우다
be	was / were	been	있다, 이다
begin	began	begun	시작하다
bite	bit	bitten	물다
blow	blew	blown	불다
break	broke	broken	깨다
choose	chose	chosen	선택하다
do	did	done	하다
draw	drew	drawn	그리다
drink	drank	drunk	마시다
drive	drove	driven	운전하다
eat	ate	eaten	먹다
fall	fell	fallen	떨어지다
fly	flew	flown	날다
forget	forgot	forgotten	잊다
forgive	forgave	forgiven	용서하다
freeze	froze	frozen	얼다
give	gave	given	주다
go	went	gone	가다

grow	grew	grown	자라다
hide	hid	hidden	숨기다
know	knew	known	알다
lie	lay	lain	눕다
ride	rode	ridden	올라타다
ring	rang	rung	소리가 울리다
rise	rose	risen	오르다
see	saw	seen	보다
shake	shook	shaken	흔들다
show	showed	shown	보여주다
sing	sang	sung	노래하다
sink	sank	sunk	가라앉다
speak	spoke	spoken	말하다
steal	stole	stolen	훔치다
swear	swore	sworn	맹세하다
take	took	taken	가져가다, 잡다
tear	tore	torn	찢다
throw	threw	thrown	던지다
wear	wore	worn	입다
weave	wove	woven	엮다
withdraw	withdrew	withdrawn	물러나다
write	wrote	written	쓰다

⑸ the others 기본 동사들

V - 원형	V - 과거	V - 과거분사	V - (기본) 뜻
beat	beat	beaten	치다
burn	burned / burnt	burned / burnt	타다
dive	dived / dove	dived	뛰어들다
dream	dreamed / dreamt	dreamed / dreamt	꿈꾸다
forbid	forbade / forbad	forbidden	금지하다
get	got	got / gotten	얻다
kneel	knelt / kneeled	knelt / kneeled	무릎 꿇다
knit	knit / knitted	knit / knitted	뜨개질하다
leap	leapt / leaped	leapt / leaped	뛰어오르다
light	lit / lighted	lit / lighted	비추다, 불을 붙이다
prove	proved	proved / proven	증명하다
sew	sewed	sewn / sewed	바느질하다
shave	shaved	shaved / shaven	면도하다
shrink	shrank / shrunk	shrunk	움츠러들다
speed	sped / speeded	sped / speeded	속력을 내다
spring	sprang / sprung	sprung	튀어오르다
wake	woke / waked	woken / waked	잠에서 깨다

장대영

주요 약력
중앙대학교 사범대학 졸업 (영어교육, 교육학 전공)
정교사 2급 자격증
전) 메가 공무원 온라인 오프라인 강사
전) 메가 스터디 러셀 수능 강의
전) 메가 스터디 노량진 단과 강의
전) 대치 명인학원
현) 박문각 공무원 온라인 오프라인 강사

주요 저서
박문각 공무원 장대영 영어 Graphic 독해
박문각 공무원 장대영 영어 Graphic 구문
박문각 공무원 장대영 영어 Graphic 문법
Polaris 문법 / 구문 / 독해 시리즈
INPUT 문법 / 구문 / 독해 시리즈
Polaris 기출 문법 / 기출 독해
문법의 재구성
독해의 재구성
어휘의 재구성

장대영 영어 Graphic 구문

초판 인쇄 2025. 6. 25. | **초판 발행** 2025. 6. 30. | **편저자** 장대영
발행인 박 용 | **발행처** (주)박문각출판 | **등록** 2015년 4월 29일 제2019-000137호
주소 06654 서울시 서초구 효령로 283 서경 B/D 4층 | **팩스** (02)584-2927
전화 교재 문의 (02)6466-7202

저자와의
협의하에
인지생략

정가 13,000원
ISBN 979-11-7262-933-5